_____ 드림

# 2인 식탁

*A Table for Two*

만들기도 치우기도 쉬운
# 2인 식탁

이현주 지음

지식인하우스

# Prologue

안녕하세요. 레이디스 이현주입니다.

블로그를 하면서 많은 사람들이 먹을거리로 고민하고 있다는 것을 알게 되었습니다. 사실 저는 대부분을 저와 남편을 위한 2인 식탁을 차립니다. 저녁 식사나 주말, 특별한 날을 제외하면 점심 식사는 주로 저만을 위한 1인 밥상을 준비하게 되는 경우가 많죠. 처음에는 귀찮다는 핑계로 끼니를 거르거나 대충 챙겨 먹게 되는 경우가 많았습니다. 그러다 문득 음식을 만드는 사람도, 음식을 먹는 사람도 즐겁고 부담이 없는 메뉴들이 뭘까 하고 고민하게 되었어요. '2인 식탁'의 출발 역시 그러했습니다.

2인 식탁 속 메뉴들은 평소 저와 저희 가족의 식탁 풍경입니다. 어려운 요리가 아닌 누구나 쉽고 간단하게 만들 수 있는 요리들로 구성해 보았습니다. 엄마의 깊은 손맛을 담고픈 새댁의 산뜻한 손맛으로 사랑과 정성을 가득 담았습니다.

이 책은 신혼부부에게도 아주 유용하겠지만 가족들과 떨어져 사는 대학생들, 직장인들에게도 도움을 줄 거라 믿습니다.

먹을거리로 고민되는 요즘, 가족과 자신의 건강을 위한 소박한 식탁을 차려 보세요. 매일이 즐거워지고, 밝아지는 가족들을 보는 재미에 요리 시간이 기다려질 겁니다.

'2인 식탁' 속 122가지의 메뉴들은 최소한의 양념으로 재료의 맛을 최대한으로 살리고자 했어요. 제가 싱겁게 먹는 편이라 대부분의 요리들에 소금간은 적게 하거나 거의 하지 않았습니다. 그러다 보니 레시피대로만 요리를 하게 되면 간이 여러분 입맛에 맞지 않을 수도 있어요. 그러나 적어도 집밥만큼은 짜지 않게 만들어 먹기를 바라는 바람을 담았습니다.

그래도 입맛에 맞지 않는다면 간을 보아 소금이나 액젓으로 간을 더하면 됩니다.

자 그럼!
평범하고 소박하지만 사랑을 듬뿍 담아 준비한 저희 집 식탁 위로 여러분을 초대합니다.

## Special Thanks to

가장 멋진 A컷을 위해 열정을 다하신 윤세한 사진작가님!
작가님과 호흡을 맞출 수 있어 정말 영광이었습니다.
좋은 책으로 탄생할 수 있도록 처음부터 끝까지 함께 해 주신 지식인하우스 관계자 여러분!
저에게 좋은 기회를 주신 것에 진심으로 감사 드립니다.
한겨울에 구하기 힘든 쑥을 구해주신 엄마, 딸의 일이라면 늘 애쓰시는 엄마에게 무한 애정을 보냅니다.
저를 늘 격려해 주시고 응원해 주신 가족과 친구들, 그리고 소중한 블로그 이웃님들께도 감사 드립니다.
마지막으로 저를 항상 지켜주고, 늘 함께 해 준 사랑하는 나의 신랑 Marc!
늘 고맙고 사랑합니다.

# Contents

- Prologue ... 004
- 2인 식탁 기본 가이드 ... 012
- 기본 육수 가이드 ... 014

## 1st. Breakfast & Brunch Table
든든하게 아침을 여는 간편 상차림

### PART 1 Breakfast Table

 020 토마토 에그 스크램블
 022 길거리 토스트
 024 달걀을 품은 토스트
 026 삶은 달걀 샌드위치
 028 버터 시나몬 토스트

 030 낫토 마밥
 032 달걀밥
 033 마주스
 034 블루베리 바나나 스무디
 035 요구르트 파르페

### PART 2 Brunch Table

 038 리코타 치즈 딥을 곁들인 베이글 브런치
 040 크루아상 샌드위치
 042 버섯과 양파를 올린 오픈 샌드위치
 044 베이컨 어니언 파니니
 046 샤브샤브 샐러드

 048 오픈 오믈렛
 050 바나나 플람베를 곁들인 프렌치토스트
 052 프리타타
 054 홈메이드 팬케이크
 056 에그 베네딕트

# 2nd. Lunch Table
깔끔하게 즐기는 원플레이트 상차림

## PART 1 Noodle Table

 062 김치 알리오올리오
 064 명란젓 파스타
 066 앤초비 파스타
 068 뇨끼
 070 꼬치 어묵 우동

 072 해물 짬뽕탕
 074 황태 비빔국수
 076 매생이 칼국수
 078 쟁반국수
 080 검은콩국수

## PART 2 Rice Table

 084 커리라이스
 086 하야시라이스
 088 오이 초밥
 090 두부 & 김치 김밥
 092 소시지 김밥

 094 규동
 096 멸치 주먹밥
 098 굴 무침 비빔밥
 100 견과류 쌈장과 양배추 쌈밥
 102 김치볶음밥

# Contents

## 3rd. Dinner Table
속까지 편한 건강한 저녁 상차림

 108 냉이 된장찌개
 110 순두부찌개
 112 비지찌개
 114 등갈비 김치찌개
 116 감자 고추장찌개

 118 청국장
 120 들깨 미역국
 122 시래기 들깨 된장국
 124 매운 찜닭
 126 샤브샤브

 128 어묵전골
 129 버섯전골
 130 한식 찹스테이크
 132 황태 양념구이
 134 버섯 & 채소볶음

 136 표고버섯 강정
 138 궁중 떡볶이
 140 깻잎전과 아삭이 고추전
 142 도토리묵 김치무침
 143 두부 조림

## 4th. Side Dish Table
### 엄마의 손맛을 담고픈 반찬

148
가지 & 들깨 무침

149
가지 무침

150
무나물

151
무생채

152
취나물

154
쌈배추 겉절이

156
아삭이 고추 된장무침

158
건새우 마늘종 볶음

160
감말랭이 무침

162
꼴뚜기 꽈리고추볶음

164
고추장 멸치볶음

166
통마늘 마구이

168
당근 마전

170
단호박전

172
깻잎장아찌

174
새송이버섯 장조림

176
소고기 말이

178
감자 베이컨 볶음

180
베이컨 채소말이

181
베이컨 달걀말이

182
파프리카 달걀구이

183
파프리카 콘샐러드

# Contents

## 5th. Home-made Baking Table
### 소박함이 묻어나는 홈베이킹

188
유자 스콘

190
당근 스콘

192
단호박 스콘

194
생크림 피칸 스콘

196
블루베리 스콘

198
초코 바나나 머핀

200
얼그레이 머핀

202
곶감 머핀

204
단팥 머핀

206
블루베리 머핀

208
빅토리아 스펀지케이크

210
선식 시폰 케이크

212
고구마 케이크

214
초콜릿 무스

216
키세스 초콜릿 쿠키

218
티라미수 크림 디저트

220
약식

222
쑥갠떡

224
곶감 인절미

226
단호박 찰떡파이

# 6th. Special Table
가족은 물론 손님까지 반하게 만드는 상차림

232
바비큐립

234
웨지 감자

236
스테이크

238
연어 감자구이

240
곤드레 밥

242
굴 영양밥

244
연근 죽순 영양밥

246
차돌박이 채소찜

248
고구마 그라탱

250
달걀빵

252
호박잼

254
매실 에이드

255
유자 에이드

255
아이스 진저티

256
갈릭 치킨

258
닭꼬치

259
떡꼬치

260
골뱅이 무침

261
유부초밥 + 김치볶음
+ 꼬치 과일

264
감자샐러드 샌드위치
+ 핫윙

# 2인 식탁 기본 가이드

- 이 책의 재료는 대부분 2인 기준입니다. 2인분이 아닐 경우 별도로 표시했으니 참고하세요.
- 별다른 표시 없이 '오일'이라고만 된 것은 카놀라유 혹은 포도씨유를 사용한 것입니다.

## 기본 계량 가이드

### 1. 'g'으로 나오는 경우
계량저울을 이용하세요. 요즘은 1~2만원대로 저렴한 저울도 많답니다.
저울은 수평을 맞추고 계량합니다.

### 2. 큰술 / 작은술 / 컵으로 나오는 경우
**액체 종류** 조리 도구에 찰랑거릴 정도로 담습니다.
**가루류, 장류** 기본은 조리 도구에 담았을 때 봉긋할 정도로 담으면 됩니다.
가루류의 경우는 젓가락 등을 이용해 평평하게 깎아 담습니다.

- 계량스푼 1큰술 = 15ml / 1작은술 = 5ml
  계량스푼이 없다면, 큰술은 밥숟가락으로 계량합니다.
  1큰술 = 보통의 스푼이 12ml정도이므로 윗부분이 적당량 봉긋할 정도로 숟가락 가득 담습니다.

계량스푼이 없다면, 작은술은 커피스푼으로 계량합니다.
1작은술 = 보통의 스푼이 3ml정도이므로 윗부분이 적당량 봉긋할 정도로 숟가락 가득 담습니다.

홈베이킹의 경우 가능한 한 계량스푼, 계량컵 사용을 권장합니다.

- 계량컵 1컵=200ml / 1/2컵 = 100ml
  계량컵이 없다면, 종이컵으로 계량합니다.
  대부분의 종이컵들은 200ml입니다.
  1컵 = 종이컵에 가득하게 찰랑거릴 정도로 담습니다.

'약간'으로 나오는 경우
통을 3회 정도 톡톡 가볍게 쳐서 넣는 양입니다.
예) 후추 약간

'꼬집'으로 나오는 경우
엄지와 검지로 꼬집어 집히는 양입니다.
예) 소금 1꼬집

'적당량'으로 나오는 경우
엄지, 검지, 중지로 살짝 집은 양입니다.
예) 설탕 적당량

'줌'으로 나오는 경우
한 손으로 쥐었을 때 잡히는 양입니다.
예) 어린잎 1줌

'눈대중'으로 100g 계량하기
감자(작은 크기) 1개
당근 1/2개
두부(작은 크기) 1/2모
애호박 1/3개
양파 1/2개

## 2인 식탁 기본 육수 가이드

• 각 요리에 맞는 육수를 취향에 따라 선택해 사용하세요.

**천연육수 활용하기(물 1리터 기준)**
물에 재료를 넣고 5분 정도 우려낸 다음 불을 켜서 물을 끓입니다. 물이 끓기 시작하면 중불로 5분 정도 끓이고 불을 끈 다음 재료를 건져냅니다. 바로 음식에 활용하거나 식힌 후 냉장 보관하면 2~3일간 사용 가능합니다. 육수 레시피를 참고하여 음식에 맞게, 혹은 취향에 맞게 선택하여 사용하세요.

• **기본 육수** --------------------------------------------------
  멸치 8~10마리 + 새우 5~6마리 + 다시마 2조각(5cm x 5cm)
  해물육수는 대부분의 국물요리에 무난하고 다양하게 활용됩니다.
  Choice) 된장찌개, 김치찌개, 잔치국수

• **우동 육수** --------------------------------------------------
  가츠오부시 1줌 + 다시마 2조각(5cm×5cm)
  일본식 메뉴에 어울리는 육수입니다.
  Choice) 우동, 어묵탕, 일본식 조림 등

• **황태 육수** --------------------------------------------------
  황태 1줌 + 무 한 도막
  시원한 국물을 원할 때 좋습니다.
  Choice) 해물탕, 대구탕 등

• **버섯 육수 / 채소 육수(채식용 육수)** --------------------------
  화고(말린 표고버섯) 3개 + 다시마 2조각(5cm×5cm)
  깊은 풍미의 육수를 낼 때 좋습니다.
  Choice) 버섯전골, 버섯 영양밥 등

• **고기 육수** --------------------------------------------------
  소고기(양지, 사태) 150g + 다시마 2조각(5cm×5cm)
  진한 국물을 원할 때 좋습니다.
  Choice) 떡국, 소고기 무국 등

## 천연 드레싱 활용하기

• 산뜻한 드레싱을 직접 만들어 즐겨 보세요. 요리가 더욱 가벼워집니다.

• **간장 드레싱**
  **한식 메뉴용** 간장 1큰술 + 레몬즙 1큰술 + 고춧가루 약간
  **양식, 퓨전 메뉴용** 간장 1큰술 + 레몬즙 1큰술 + 올리브오일 1작은술

• **과일 드레싱**
  사과 + 키위 + 파인애플 + 배 = 1 : 1 : 1 : 1

• **요구르트 드레싱**
  플레인 요구르트 1통 + 저지방 우유 2~3큰술 + 아가베 시럽 1큰술

## 견과류 갈아서 활용하기

하루에 필요한 견과류를 챙겨 먹기 힘들다면 미리 갈아둔 견과류를 요리에 뿌려 섭취합니다.
호두, 아몬드, 피칸, 마카다미아 넛 등의 다양한 견과류와 건블루베리, 건크랜베리, 건포도 같은 건과일을 다양하게 활용해 보세요.

[견과류 : 건과일 = 3 : 1]로 만들면 좋습니다.
**활용법** 호두, 아몬드, 피칸, 잣 등 견과류 90g + 건포도 30g을 갈아
     밀폐용기에 보관

# 1st. Breakfast & Brunch Table
## 든든하게 아침을 여는 간편 상차림

**PART 1**
**Breakfast Table**

토마토 에그 스크램블

길거리 토스트

달걀을 품은 토스트

삶은 달걀 샌드위치

버터 시나몬 토스트

낫토 마밥

달걀밥

마주스

블루베리 바나나 스무디

요구르트 파르페

## PART 2
## Brunch Table

리코타 치즈 딥을 곁들인
베이글 브런치

크루아상 샌드위치

버섯과 양파를 올린
오픈 샌드위치

베이컨 어니언 파니니

샤브샤브 샐러드

오픈 오믈렛

바나나 플람베를 곁들인
프렌치토스트

프리타타

홈메이드 팬케이크

에그 베네딕트

*1st. Breakfast & Brunch Table*
*PART 1*

바쁜 아침 식탁에서 만나는
초간편 메뉴 10

하루의 시작, 아침은 누구에게나 분주한 시간입니다.
자신은 물론, 남편과 가족의 힘있는 출발을 위해~
누구나 뚝딱 만들 수 있는 초간편 메뉴들로 아침 식탁을 꾸며 보세요.
하루가 꿀맛 같이 달콤하게, 헤라클레스처럼 우렁차게 시작될 거에요.

**남편의 한마디**

"부담 없이 먹을 수 있는 맛있는 아침으로 하루를 시작할 수 있어 행복합니다."

쿠킹타임 10분

Breakfast Table 01

# 토마토 에그 스크램블

달걀을 부드럽게 풀어가며 익히는 스크램블은 바쁜 아침 간편하게 즐길 수 있는 메뉴입니다.
부드러운 에그 스크램블에 토마토를 곁들여 영양 만점 가벼운 한끼를 준비하세요!

**재료**  방울토마토 3개, 달걀 3개, 우유 1큰술, 올리브오일 1큰술, 파슬리 적당량, 통후추 적당량

**과정**
1. 방울토마토는 크기에 따라 2~4등분한다. 팬에 올리브오일을 두르고 토마토의 물기가 사라질 정도로 볶아 덜어낸다.
2. 볼에 달걀과 우유를 넣고 풀어준다.
3. ①의 팬을 키친타월로 닦아내고 오일을 살짝 두른 다음 ②의 재료를 팬에 붓고 젓가락으로 휘저으며 스크램블 한다.
4. ③의 스크램블에 통후추를 갈아 살짝 뿌려주고 어느 정도 달걀이 뭉쳐지면 토마토를 넣어 살짝 섞어준다. 파슬리로 마무리한다.

쿠킹타임 10분

Breakfast Table 02

# 길거리 토스트

시간에 쫓기는 출근길에는 갓 구운 길거리 토스트와 우유만 있어도 든든해져요. 냉장고 속 다양한 채소와 단백질이 풍부한 달걀이 들어간 토스트는 하나만 먹어도 배가 든든한 초간단 아침 메뉴에요. 저는 파가 듬뿍 들어간 길거리 토스트를 좋아해서 주로 파만 넣고 즐긴답니다.

**재료**    식빵 4장, 달걀 2개, 다진 파 2큰술, 슬라이스 햄 2장, 케첩 1큰술, 통후추 적당량

**과정**
1. 볼에 달걀을 풀고 다진 파를 넣어 잘 섞고 통후추를 갈아 살짝 뿌려준다.
2. 팬에 오일을 살짝 두르고 ①의 달걀물을 넣어 부친다.
3. 슬라이스 햄은 팬에 넣어 살짝 익힌다.
4. 식빵은 팬, 그릴이나 토스터에 넣어 살짝 구워준다.
5. 식빵 한쪽 면에 케첩을 바르고 달걀을 올린 다음 슬라이스 햄을 얹고 나머지 빵으로 덮는다.

**Lady's Tip**

• 햄 대신 치즈를 넣어도 맛있어요.

**쿠킹타임 20분**

Breakfast Table 03

# 달걀을 품은 토스트

빵과 빵 사이에 달걀이 쏙~! 앙증맞아 눈까지 즐거운 토스트랍니다.
개인의 취향대로 달걀을 익혀 즐겨 보세요.

**재료**   식빵 4장, 달걀 2개, 마요네즈 2큰술, 소금 1꼬집, 통후추 적당량, 파슬리 적당량, 버터 적당량, 쿠킹 호일

**과정**
1. 틀을 이용해 식빵 2장에 구멍을 만들어 주고 쿠킹 호일에도 식빵과 동일한 크기로 동그란 구멍을 만들어 준다.
2. 구멍내지 않은 식빵을 밑에 깔고 마요네즈를 1큰술씩 바르고 구멍을 낸 식빵을 겹쳐 올린다.
3. 식빵 구멍에 달걀을 깨뜨려 담고 노른자 부분에 소금과 파슬리를 뿌린 후 후추를 갈아 뿌려준다.
4. 식빵의 윗면에 버터를 살짝 바르고 준비해 둔 호일을 덮어 오븐에 넣는다.
5. 노른자를 완숙으로 즐길 경우, 200도로 미리 예열한 오븐에서 10분 정도 굽고 180도로 낮추어 5분간 더 굽는다.
6. 노른자를 반숙으로 즐길 경우, 180도로 미리 예열한 오븐에서 13~15분간 굽는다.

 **Lady's Tip**
- 빵과 달걀의 익는 속도가 다르므로 식빵의 윗면을 호일로 덮어줘야 빵이 타지 않아요!
- 오븐에 따라 굽는 시간이 달라질 수 있습니다.
- 동그란 틀이 없는 경우 컵을 이용하면 됩니다.

Breakfast Table 04

# 삶은 달걀 샌드위치

노른자가 버터만큼 고소하고 향이 풍부해 달걀의 맛을 제대로 느낄 수 있는 메뉴입니다.
달걀을 삶아 간편하게 속을 채운 담백한 샌드위치에요.

**재료**  식빵 4장, 달걀 2개, 마요네즈 2큰술, 통후추 적당량, 파슬리 적당량

**과정**
1. 달걀은 완숙으로 삶는다.
2. 삶은 달걀을 흰자와 노른자로 분리한다.
3. 노른자에 마요네즈 1큰술과 파슬리를 넣고, 후추를 갈아 뿌려준 다음 으깨 스프레드를 만든다. 잘게 다진 흰자와 나머지 마요네즈 1큰술을 넣고 버무린다.
4. 식빵의 양쪽 면에 노른자를 버터처럼 펴 바른다.
5. 식빵의 가운데에 흰자 버무린 것을 올린 다음 덮는다.

 **Lady's Tip**

• 입맛에 따라 흰자에 소금간을 살짝 해도 좋습니다.

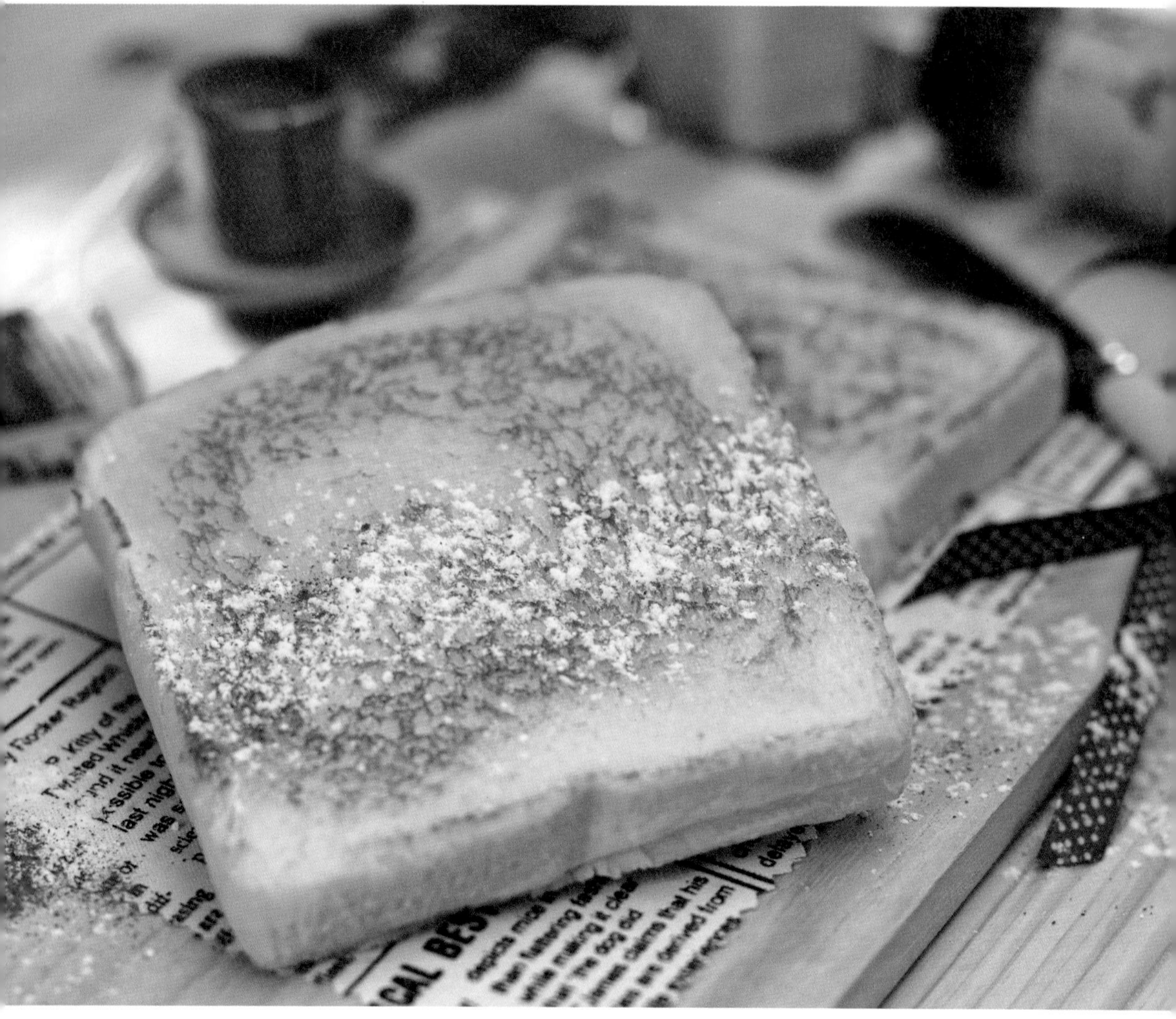

Breakfast Table 05

# 버터 시나몬 토스트

고소한 버터 향과 향긋한 시나몬 파우더가 잘 어우러진 토스트입니다.
이 토스트는 약불에서 천천히 구워야 겉은 바삭하고 속은 촉촉하게 구울 수 있답니다.
특히 비 오는 날이나 흐린 날에 먹으면 기분까지 좋아지는 아침 메뉴입니다.

재료    식빵 2장, 버터 2큰술, 시나몬 파우더 적당량, 슈가파우더 적당량

과정
1. 식빵 1장당 버터 1큰술을 앞뒤로 얇게 펴 발라준다.
2. 팬에 버터 바른 빵을 담고 약불에 올린다. 버터가 녹으면서 빵이 바삭하게 구워지면 뒤집어 마저 굽는다.
3. 빵의 앞뒤가 노릇하게 익으면 시나몬 파우더와 슈가파우더를 톡톡 뿌린다.

 **Lady's Tip**

- 약불에 천천히 굽는 것이 포인트!

쿠킹타임 5분

Breakfast Table 06

# 낫토 마밥

우리나라에 청국장이 있다면 일본에는 전통 발효음식인 낫토가 있습니다. 낫토는 처음엔 먹기 어려울 수도 있지만 꾸준히 먹으면 항암 효과와 성인병 예방에 좋은 건강 식품입니다. 낫토를 휘휘 저으면 점성이 생겨 끈끈한 실이 생기는데 이 실이 건강에 좋다고 해요. 먹을 때 얼굴과 그릇에 실이 붙어 귀찮기도 하지만 소화 흡수율도 좋고 배변 효과에 좋아 특히 아침에 먹는 것을 추천합니다.

**재료**  밥 2인분, 낫토 2팩(간장 소스와 겨자 소스 포함), 잘게 썬 마 2큰술, 다진 파 1큰술, 참기름 2~3방울

**과정**
1. 낫토 팩에 들어있는 간장 소스와 겨자 소스를 낫토에 섞는다.
2. 젓가락으로 낫토를 휘휘 저어주면 실이 생기는데 50회~100회 정도 휘젓는다. 실이 많이 생길수록 좋다.
3. 낫토와 잘게 썬 마를 섞는다.
4. ③의 재료를 밥 위에 올리고 다진 파와 참기름 2~3방울로 마무리한다.

### Lady's Tip

- 처음에 낫토 먹기가 부담스럽다면 잘게 썬 김치를 밥 위에 올려 같이 먹어도 좋아요. 익숙해지면 낫토의 맛과 영양에 푹 빠지게 된답니다.

## Breakfast Table 07
# 달걀밥

1분 1초가 빠듯한 직장인들은 아침부터 여러 가지 반찬과 밥을 차려 먹기가 쉽지 않아요. 아침에 밥이 먹고 싶지만 밥상을 차릴 시간이 없을 때, 어릴 적 엄마가 만들어 주시던 간편한 달걀밥을 먹어보면 어떨까요?

쿠킹타임 5분

**재료** 밥 2인분, 달걀 2개, 간장 1큰술, 참기름 1작은술, 검은깨 약간

**과정**
1. 팬에 오일을 살짝 두르고 반숙으로 달걀 프라이를 한다.
2. 밥 위에 달걀 프라이를 올리고 간장과 참기름을 살짝 뿌려준다.
3. 검은깨를 올려 마무리한다.

 **Lady's Tip**
- 생식이 가능한 신선한 유정란일 경우 날달걀을 깨뜨려 노른자만 밥에 올려 비벼 먹어도 좋습니다.
- 날달걀을 먹는 것이 꺼림직하다면 위의 레시피대로 달걀 프라이로 익혀 즐기세요.

Breakfast Table 08

# 마주스

마는 끈적거리는 촉감과 식감 때문에 꺼려지기도 하죠. 마를 갈아 건강 주스로 마시면 먹을 때 거부감도 덜 하고 차츰 마의 맛에 익숙해질 수 있답니다.

**재료**  마 100g, 바나나 1개, 플레인 요구르트 1개, 우유 400ml

**과정**  1. 마의 껍질을 필러를 이용해 벗겨준다.
2. 마와 바나나를 큼직하게 썬다.
3. 믹서 등을 이용해 모든 재료를 갈아준다.

 **Lady's Tip**

- 마를 맨손으로 만지면 피부가 따가울 수 있으니 위생 장갑을 끼고 손질하세요.
- 바나나의 당도나 입맛에 따라 꿀 1큰술을 추가해도 좋아요.

Breakfast Table 09

# 블루베리
# 바나나 스무디

바빠서 식사할 시간이 없거나
입이 깔깔하고 입맛이 없을 때
슈퍼푸드 블루베리와 달콤한 바나나를
갈아 마시면 먹기도
편하고 속도 든든해집니다.

쿠킹타임 5분

재료  바나나 1개(작은 바나나는 2개), 냉동 블루베리 120g, 플레인 요구르트 1개, 우유 300ml

과정  1. 믹서 등을 이용해 모든 재료를 갈아준다.

 **Lady's Tip**

- 바나나의 당도나 입맛에 따라 꿀이나 시럽을 1큰술 넣어도 좋아요.
- 생(生)블루베리를 사용할 경우는 얼음 4~5조각을 넣고 갈아 주세요.
- 시간이 지나면 바나나 색이 검게 변할 수 있으니 갈아서 바로 마시는 것이 좋습니다.

Breakfast Table 10

# 요구르트 파르페

유산균이 풍부한 요구르트에
다양한 토핑을 올려 맛과 영양을 더했습니다.
가벼운 한끼 식사로도
손색이 없는 메뉴입니다.

쿠킹타임
5분

**재료**  바나나 1개, 시리얼 4~5큰술, 플레인 요구르트 2개, 블루베리 적당량,
견과류 간 것 1큰술(15page 참고)

**과정**
1. 바나나는 먹기 좋게 자른다.
2. 파르페 그릇에 시리얼, 요구르트, 바나나, 블루베리를 번갈아 담는다.
3. 재료를 모두 담고 견과류 간 것을 뿌려 마무리한다.

 **Lady's Tip**

- 갖가지 재료와 요구르트를 번갈아 담아야 재료가 잘 어우러집니다.
- 다양한 견과류를 갈아 뿌려 먹으면 하루에 필요한 견과류 섭취에 도움이 됩니다.

*1st. Breakfast & Brunch Table*
*PART 2*

식탁에서 여유를 만나다
Brunch 10

Breakfast + Lunch = Brunch
브런치는 말 그대로 아침 겸 점심을 뜻합니다.
그래서일까요?
저 역시 주말이 되면 브런치 메뉴를 즐겨 차립니다.
한가로운 주말을 즐기기에 딱 좋은 초간편 10가지 메뉴를 소개합니다.

쿠킹타임 5분

Brunch Table 01

# 리코타 치즈 딥을 곁들인 베이글 브런치

브런치 식탁에서 자주 만날 수 있는 크림 치즈를 곁들인 베이글.
크림 치즈보다 가볍고 부담스럽지 않은 리코타 치즈로 딥(Dip)을 만들어
베이글에 발라 먹으면 칼로리 걱정도 줄어든답니다.

재료    베이글 2개, 리코타 치즈 100g, 아가베 시럽 2큰술, 견과류 간 것 1큰술(15page 참고)

과정    1. 리코타 치즈는 거품기로 가볍게 저어 부드럽게 한다.
          2. ①에 아가베 시럽과 견과류 간 것을 넣어 잘 섞어준다.
          3. ②의 리코타 치즈 딥을 베이글에 곁들이면 완성!

**Lady's Tip**

- 리코타 치즈 딥을 밀폐 용기에 담아 냉장 보관을 하면 2~3일간 먹을 수 있습니다.

Brunch Table 02

# 크루아상 샌드위치

버터 향이 풍부한 크루아상으로 샌드위치를 만들면 입안의 감촉이 부드러워 좋아요.
속재료는 취향껏 만들되 물기 없이 넣는 것이 중요합니다.

쿠킹타임
5분

재료  크루아상 2개, 슬라이스 치즈 2장, 슬라이스 햄 4장, 오이 1개, 케첩 1작은술

과정  1. 오이는 필러를 이용해 얇게 슬라이스하고 씨 없는 부분으로만 골라 준비한다. 치즈는 반으로 잘라 준비한다.

2. 슬라이스 햄은 팬에 살짝 구워 따뜻하게 준비한다.

3. 크루아상은 가운데를 반으로 갈라 케첩을 발라준다.

4. 크루아상에 햄, 치즈, 오이를 차례로 올린다.

 **Lady's Tip**

• 오이 대신 치커리, 로메인 등 푸른 채소를 넣어도 좋아요.

Brunch Table 03

# 버섯과 양파를 올린 오픈 샌드위치

버섯과 양파를 볶아 빵 위에 올린 오픈형 샌드위치입니다. 담백하고 고급스러운 맛이 일품이죠. 큼직한 사이즈의 빵을 잘라 만들어야 더 먹음직하답니다.

**재료**  호밀빵 2조각, 백만송이버섯 1줌, 양파 1/2개, 치즈 2장, 올리브오일 적당량, 발사믹소스 적당량, 통후추 적당량

**과정**
1. 팬에 올리브오일을 두르고 버섯, 양파를 넣은 다음, 통후추를 갈아 뿌려 볶는다.
2. 빵에 올리브오일을 살짝 뿌린다. 빵에 치즈를 올린 다음 볶은 버섯과 양파를 올리고 발사믹소스를 살짝 흩뿌려준다.

 **Lady's Tip**

- 표고버섯, 양송이버섯, 느타리버섯도 잘 어울립니다. 좋아하는 버섯으로 응용해 보세요.

Brunch Table 04

# 베이컨 어니언 파니니

빵과 속재료를 한번에 구워 즐기는 파니니.
따스한 기운이 먹는내내 여운을 남깁니다.
빵 속에 부드럽게 녹아 드는 치즈가 소스 역할을 톡톡히 한답니다.

쿠킹타임
10분

재료　식빵 4장, 양파 1/2개, 베이컨 8조각, 슬라이스 치즈 2장, 홀그레인 머스터드 적당량, 통후추 적당량

과정　1. 베이컨을 노릇노릇하게 구워순다.
　　　2. 양파는 볶다가 통후추를 갈아 넣고 다시 볶는다.
　　　3. 식빵에 홀그레인 머스터드를 살짝 바르고 치즈를 올린다.
　　　4. ③의 위에 베이컨과 볶은 양파를 올리고 나머지 식빵으로 덮어준다.
　　　5. ④를 파니니 그릴에 구워준다.

 **Lady's Tip**

• 파니니 그릴이 없다면 프라이팬에 올리고 부침개 뒤집개로 꾹꾹 눌러가며 구워 주세요.

Brunch Table 05

# 샤브샤브 샐러드

부담스럽지 않은 샤브샤브용 고기를 구워 샐러드에 곁들이면 포만감이 느껴지는 든든한 브런치가 됩니다. 고기는 소금과 후추로만 간을 해 심플하게 굽는 것이 포인트!

**재료** 샤브샤브용 소고기 120g, 어린잎채소 2줌, 금귤 4개, 빨강 파프리카 1/4개, 노랑 파프리카 1/4개, 소금 1꼬집, 통후추 적당량, 간장 드레싱 적당량(15page 참고)

**과정**
1. 소고기에 통후추를 뿌리고 소금간을 해서 앞뒤로 굽는다.
2. 채소는 깨끗하게 씻어 먹기 좋은 크기로 자른다.
3. 접시에 채소와 고기를 골고루 담고 간장 드레싱을 뿌려 마무리한다.

 **Lady's Tip**

• 간장 드레싱은 취향에 따라 선택하세요~!

쿠킹타임 15분

Brunch Table 06

# 오픈 오믈렛

일반적인 오믈렛은 달걀 속에 재료를 넣고 오므린 모양이어서 만들기 어렵죠. 오픈 오믈렛은 만들기도 쉽고 어떤 재료가 들어갔는지 딱 보인답니다.

재료  달걀 4개, 양송이버섯 2개, 양파 1/2개, 베이컨 2장, 베이크드 빈스 2큰술, 브로콜리 1개, 방울토마토 3개, 통후추 적당량, 파슬리 적당량, 올리브오일 적당량

과정  
1. 버섯, 양파, 베이컨, 브로콜리는 먹기 좋게 썬다.
2. 팬에 올리브오일을 두르고 양파를 볶다가 버섯, 베이컨을 넣고 볶는다.
3. 볶은 재료로 테두리를 만든다는 느낌으로 팬에 넓게 펴준다.
4. 팬의 빈 공간에 달걀을 깨뜨려 올린다.
5. 방울토마토, 브로콜리, 베이크드 빈스를 사이사이에 올린다.
6. 팬을 이리저리 움직여 흰자를 골고루 퍼지게 하는 방법으로 재료와 재료를 붙인다.
7. 통후추를 갈아 뿌리고 파슬리를 뿌려 마무리한다.

 Lady's Tip

- 달걀은 취향에 따라 완숙이나 반숙으로 익히되 터트리지 않고 약불에 익히는 것이 모양이 예뻐요.
- 하나의 커다란 달걀 프라이를 만든다는 느낌으로 만들면 됩니다.

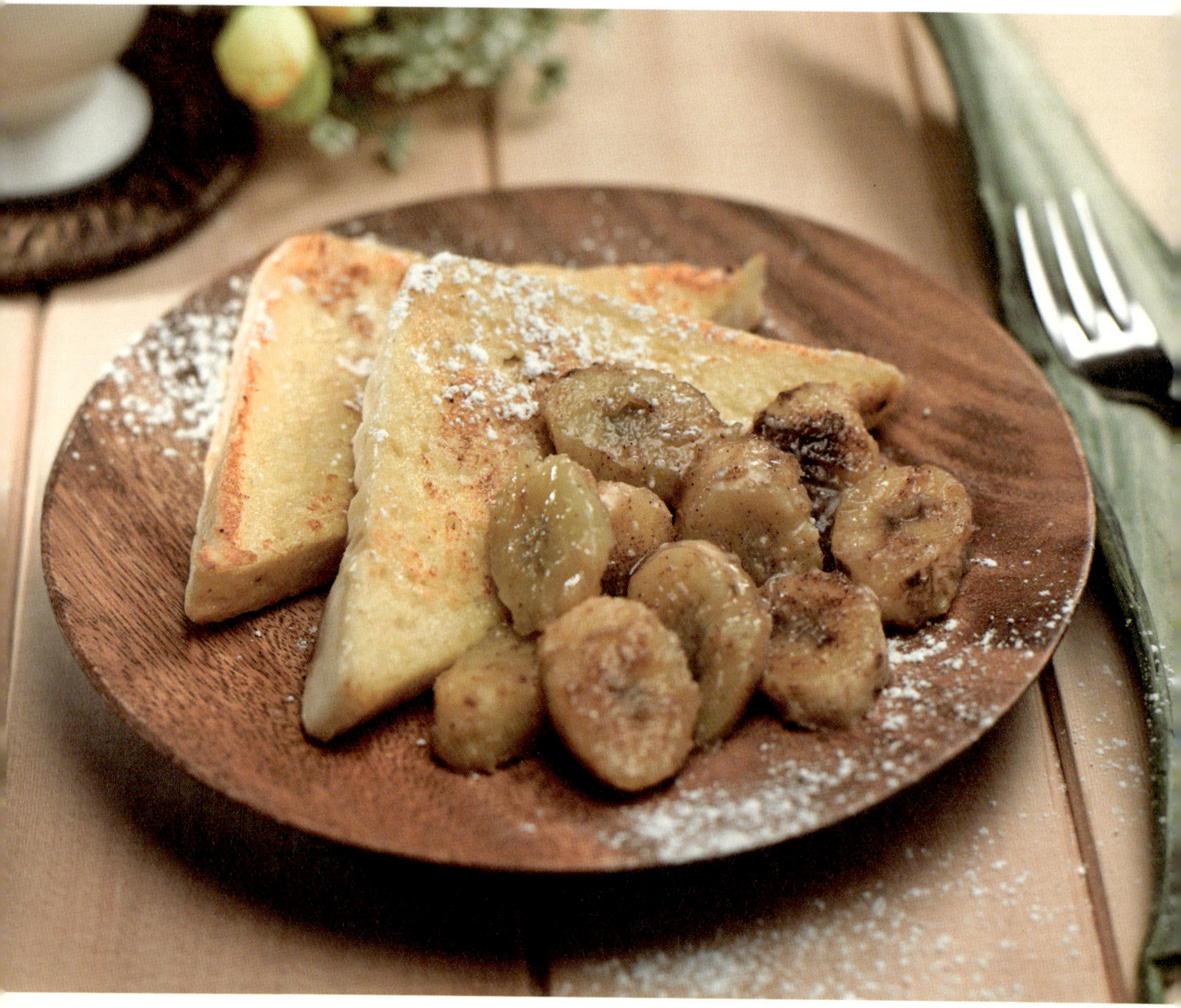

Brunch Table 07

# 바나나 플람베를 곁들인 프렌치토스트

달걀물에 퐁당 담근 부드러운 프렌치토스트에
바나나를 졸여 곁들이면 달콤함에 눈이 저절로 감기는 브런치 메뉴가 탄생합니다.

재료　식빵 2장, 바나나 2개, 달걀 2개, 우유 2큰술, 버터 2큰술, 럼 2큰술, 아가베 시럽 1큰술, 시나몬 파우더 적당량, 슈가파우더 적당량

과정
1. 달걀을 풀어 체에 한번 거르고 우유를 섞은 다음 식빵을 담근다.
2. 바나나는 먹기 좋게 슬라이스한다.
3. 팬에 버터를 두르고 바나나를 넣어 익힌다.
4. 바나나가 반 정도 익으면 럼을 넣어 향을 낸다.
5. ④의 팬에 아가베 시럽을 넣고 뒤적인 다음 불을 끈다.
6. ⑤의 팬에 시나몬 파우더를 뿌린 다음 잘 섞고 덜어낸다.
7. ①의 식빵을 앞뒤로 노릇하게 굽는다.
8. 접시에 ⑦의 프렌치토스트와 ⑥의 바나나 플람베를 올리고 슈가파우더를 뿌린다.

 **Lady's Tip**

- 플람베(Flambee)는 과일을 달콤한 소스에 버무려 먹는 프랑스 요리입니다. 과일에 알코올과 당분을 넣고 조리해 브런치나 디저트로 좋습니다.
- 바나나의 당도에 따라 달콤함이 부족하다면 졸일 때 아가베 시럽의 양을 늘려 보세요.
- 럼을 넣으면 알코올이 날아가면서 바나나의 향과 풍미를 깊게 합니다.

쿠킹타임 25분

Brunch Table 08

# 프리타타

프리타타는 여러 가지 채소와 함께 달걀물을 풀어 오븐에 구워낸 이탈리아 스타일의 달걀찜입니다. 채소와 달걀을 골고루 먹을 수 있어 영양 만점 브런치 메뉴랍니다.

**재료** 달걀 4개, 우유 1/2컵, 데친 시금치 1줌, 프랑크소시지 1개, 표고버섯 1개, 방울토마토 2개, 통후추 적당량

**과정**
1. 시금치는 데쳐 먹기 좋게 자르고, 소시지, 버섯, 방울토마토도 먹기 좋은 크기로 자른다.
2. 볼에 달걀을 풀고 우유를 섞은 다음, 통후추를 갈아 뿌린다.
3. 오븐에 넣을 용기에 버터칠을 해 준다. 위생장갑을 끼고 손으로 바르면 편하다.
4. ③의 용기에 재료를 골고루 담고 ②의 달걀물도 골고루 부어준다.
5. 180도로 미리 예열한 오븐에서 ④를 20분간 굽는다.
6. 쿠킹호일을 덮어주고 다시 오븐 온도를 200도로 올려 2분간 더 구워준다.

 **Lady's Tip**

- 소시지가 들어가므로 소금간은 하지 않았습니다.
- 오븐에 따라 굽는 시간이 달라질 수 있습니다.

쿠킹타임 25분

Brunch Table 09

# 홈메이드 팬케이크

손쉽게 구할 수 있는 팬케이크 믹스가 아닌
직접 만든 반죽으로 팬케이크를 만들어 보아요.
믹스 특유의 텁텁함이 없는 폭신폭신한 팬케이크의 맛을 즐길 수 있답니다.

재료   박력분 100g, 우유 80ml, 달걀 1개, 설탕 30g, 베이킹파우더 1작은술

과정   1. 달걀은 흰자와 노른자로 분리한다.
2. 흰자를 거품기로 잘 풀어준 다음 설탕을 넣어가며 거품을 내서 머랭을 만든다.
3. 다른 볼에 노른자를 풀고 우유를 섞어준다.
4. ③에 박력분과 베이킹파우더를 체에 쳐서 넣고 주걱으로 섞어준다.
5. ④에 ②의 머랭을 2~3번에 나눠 넣으면서 거품이 꺼지지 않도록 주걱으로 살살 섞어준다.
6. 팬에 오일을 살짝 두르고 키친타월로 닦아 코팅한다.
7. 약불에서 반죽을 한 국자씩 떠서 굽는다.
8. 기포가 전체적으로 올라오면 뒤집어 마저 굽는다.

 Lady's Tip

• 시럽이나 버터를 취향에 따라 곁들여 즐기세요~!

Brunch Table 10

# 에그 베네딕트

쿠킹타임 30분

뉴욕의 유명한 브런치 식당 메뉴로 빠지지 않는 에그 베네딕트를 이제 집에서도 즐길 수 있어요.
끓는 물에 달걀을 넣어 익히는 수란은 달걀을 가장 담백하게 즐길 수 있는 조리법입니다.
처음에는 좀 어렵지만 몇 번 만들어 보면 쉬워지니 지금 바로 도전해 보세요.

**재료** 잉글리시 머핀 2개, 달걀 2개, 식초 1큰술, 베이컨 2장
**홀랜다이즈 소스** 노른자 1개, 버터 40g, 화이트와인 30ml, 월계수잎 1장, 통후추 2~3알, 레몬즙 2큰술, 소금 1꼬집, 후추 적당량

**과정**

1. 홀랜다이즈 소스 만들기 _ 냄비에 노른자, 레몬즙, 버터를 넣고 약불에 올린다.
2. 냄비에 노른자가 눌러 붙거나 익지 않도록 계속 저어준다. 계란 노른자가 부드러워지면 와인을 붓고 1~2분 정도 더 젓는다
3. ②의 냄비에 월계수잎, 통후추를 넣고, 소금과 후추를 뿌린 다음 걸쭉해질 때까지 저으면서 굳지 않도록 따뜻하게 유지시켜준다.
4. 이제 수란 만들기 _ 물에 식초를 넣고 끓인다. 달걀을 깨뜨려 국자에 담는다. 끓는 물을 약불로 줄인 다음 달걀을 조심스럽게 떨어뜨려 수란을 만든다.
5. 달걀을 2~3분간 익히면 반숙, 4~5분 정도 익히면 완숙이 된다. 취향에 따라 달걀을 익힌 다음 건져 물기를 뺀다.
6. 잉글리시 머핀은 오븐에 2~3분간 살짝 구워 주고, 베이컨은 팬에 굽는다.
7. 머핀 위에 베이컨을 올린 다음 수란을 올리고 ③의 소스를 붓는다.

 **Lady's Tip**

- 국자에 식용유를 살짝 발라 주세요. 달걀이 잘 떨어져요.

# 2nd. Lunch Table
깔끔하게 즐기는 원플레이트 상차림

**PART 1
Noodle Table**

김치 알리오올리오

명란젓 파스타

앤초비파스타

뇨끼

꼬치 어묵 우동

해물 짬뽕탕

황태 비빔국수

매생이 칼국수

쟁반국수

검은콩 국수

## PART 2
## Rice Table

커리라이스

하야시라이스

오이 초밥

두부&김치 김밥

소시지 김밥

규동

멸치 주먹밥

굴 무침 비빔밥

견과류 쌈장과 양배추 쌈밥

김치볶음밥

## 2nd. Lunch Table
### PART 1

후루룩 면
한 그릇의 건강

부담스럽지 않고, 깔끔한 점심 식사를 원하시죠?
반찬 걱정 없이 누구나 손쉽게 차릴 수 있는 원플레이트 메뉴 20가지를 담았습니다.
면 10가지와 밥 10가지 메뉴들로 간편하게 차릴 수 있는 메뉴들이어서 설거지도 아주 간편합니다.
주말엔 그릇 하나만 더 차리면 되니 이래저래 유용하겠죠!
가족 모두가 행복해지는 점심 식사 메뉴입니다.
먼저 남녀노소 부담 없이 즐길 수 있는 면 요리 10가지를 소개합니다.

남편의 한마디

"깔끔하게 한 그릇 뚝딱! 종류도 다양해서 질리지 않아요."

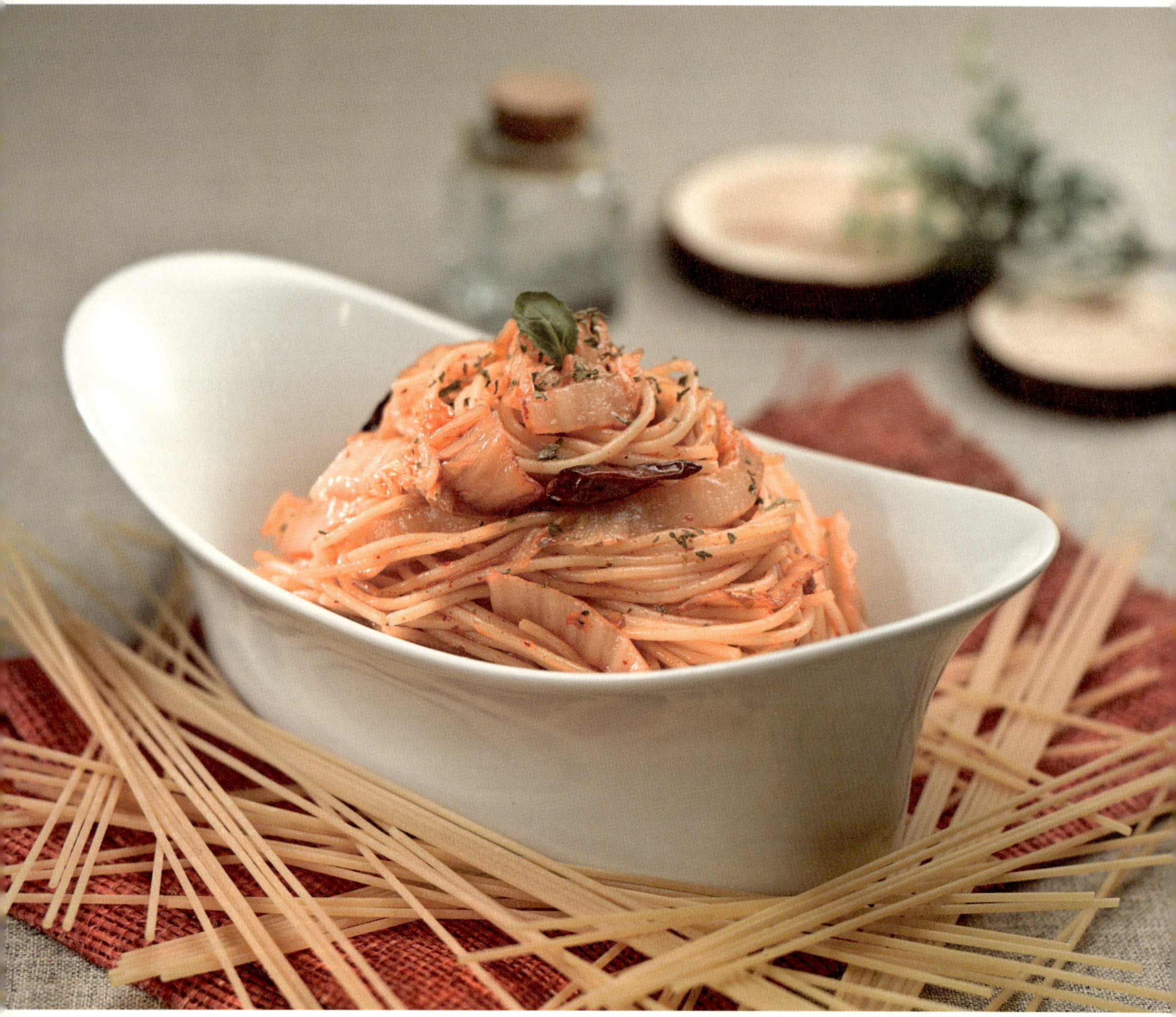

Lunch, Noodle Table 01

# 김치 알리오올리오

마늘과 올리브오일로 만든 심플한 알리오올리오에 김치를 넣어 퓨전스타일로 만들어 보았습니다.
아삭하게 씹히는 김치 때문에 느끼하지 않고 피클도 필요 없어 간편한 메뉴입니다.

재료  스파게티 200g, 김치 1/2줌, 마늘 1톨, 올리브오일 2큰술, 소금 1꼬집,
매운 고추(작은 크기) 1~2개, 통후추 적당량

과정  1. 김치는 씻어 잘게 썰고 마늘은 편으로 썬다.
2. 냄비에 소금을 넣고 물을 끓여 스파게티를 6~7분 정도 삶는다.
3. 팬에 올리브오일을 두르고 마늘, 고추를 볶아 향을 낸다.
4. ③의 팬에 잘게 썬 김치를 넣고 같이 볶는다.
5. 삶아낸 스파게티를 건져 ④의 팬에 넣고 잘 섞어준다.
6. 통후추를 갈아 ⑤의 면 위에 살짝 뿌리고 한번 뒤적인 다음 불을 끈다.

Lunch, Noodle Table 02

# 명란젓 파스타

짭조름한 명란젓과 파스타의 만남. 먹으면 먹을수록 매력적인 파스타랍니다.
색다른 파스타를 원한다면, 도전해 보세요!

쿠킹타임 15분

**재료**  푸실리(파스타) 200g, 명란젓 50g, 우유 50g, 버터 20g, 통후추 적당량, 소금 적당량

**과정**
1. 냄비에 물을 충분히 담고 소금을 넣어 끓인다. 물이 끓으면 푸실리를 넣고 6분 정도 삶는다.
2. 면이 익는 동안 명란젓에서 알만 빼고 껍질을 제거한다.
3. ②의 명란젓을 우유랑 섞어둔다.
4. 삶아진 파스타와 버터를 팬에 담고 버터가 다 녹을 때까지 잘 볶는다.
5. 불을 끄고 ③을 넣어 골고루 섞어준다.
6. 통후추를 갈아 뿌리고 파슬리로 마무리한다.

**Lady's Tip**

- 명란젓이 간간해서 따로 소금간을 하지 않아도 됩니다.

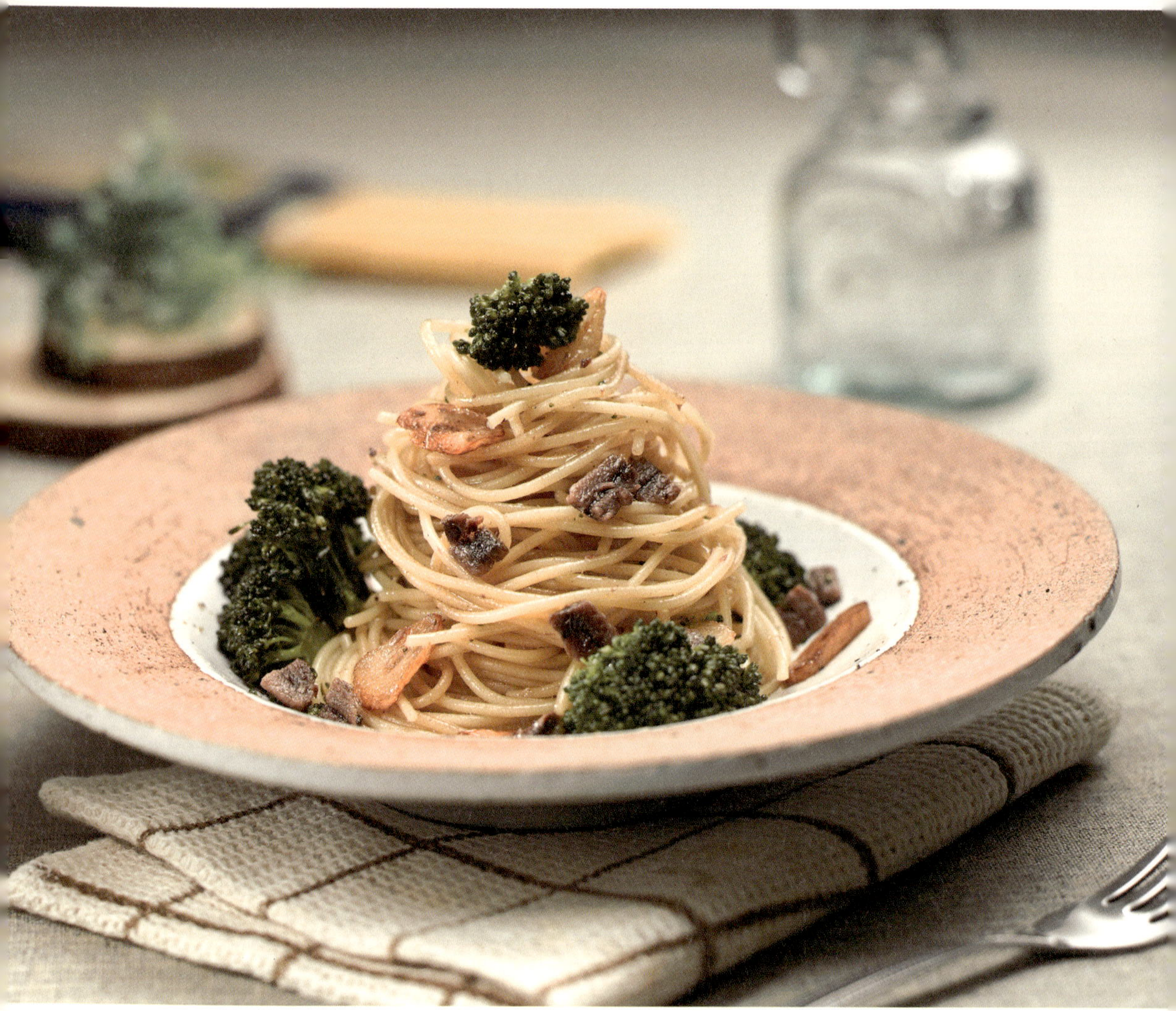

Lunch, Noodle Table 03

# 앤초비 파스타

앤초비는 지중해에서 나는 멸치류의 작은 물고기를 절여 발효시킨 젓갈로 우리나라의 멸치젓과 비슷한 맛과 냄새가 납니다.
요즘은 마트에서도 통조림으로 나온 것을 쉽게 구할 수 있답니다.
오일 소스 파스타에 잘 어울리니 응용해 보세요.

재료　스파게티 200g, 앤초비 4조각, 브로콜리 5~6개, 마늘 2톨, 올리브오일 4~5큰술, 통후추 적당량, 소금 1꼬집, 파슬리 적당량

과정
1. 냄비에 물을 충분히 담고 소금을 넣어 끓인다. 물이 끓으면 스파게티를 넣고 6분 정도 삶는다.
2. 면을 삶는 동안 브로콜리는 먹기 좋게 자르고, 마늘은 편으로 썰고 앤초비는 송송 잘라준다.
3. 팬에 올리브오일을 두르고 마늘을 볶는다.
4. ③의 마늘 향이 퍼지면 앤초비를 넣고 같이 볶는다.
5. 삶아낸 면을 ④의 팬에 넣고 같이 볶다가 마지막으로 브로콜리를 넣고 섞는다.
6. ⑤의 팬에 통후추를 갈아 뿌리고 파슬리로 마무리한다.

 **Lady's Tip**

- 면을 건져내고 삶은 물에 브로콜리를 넣고 데치면 편합니다.

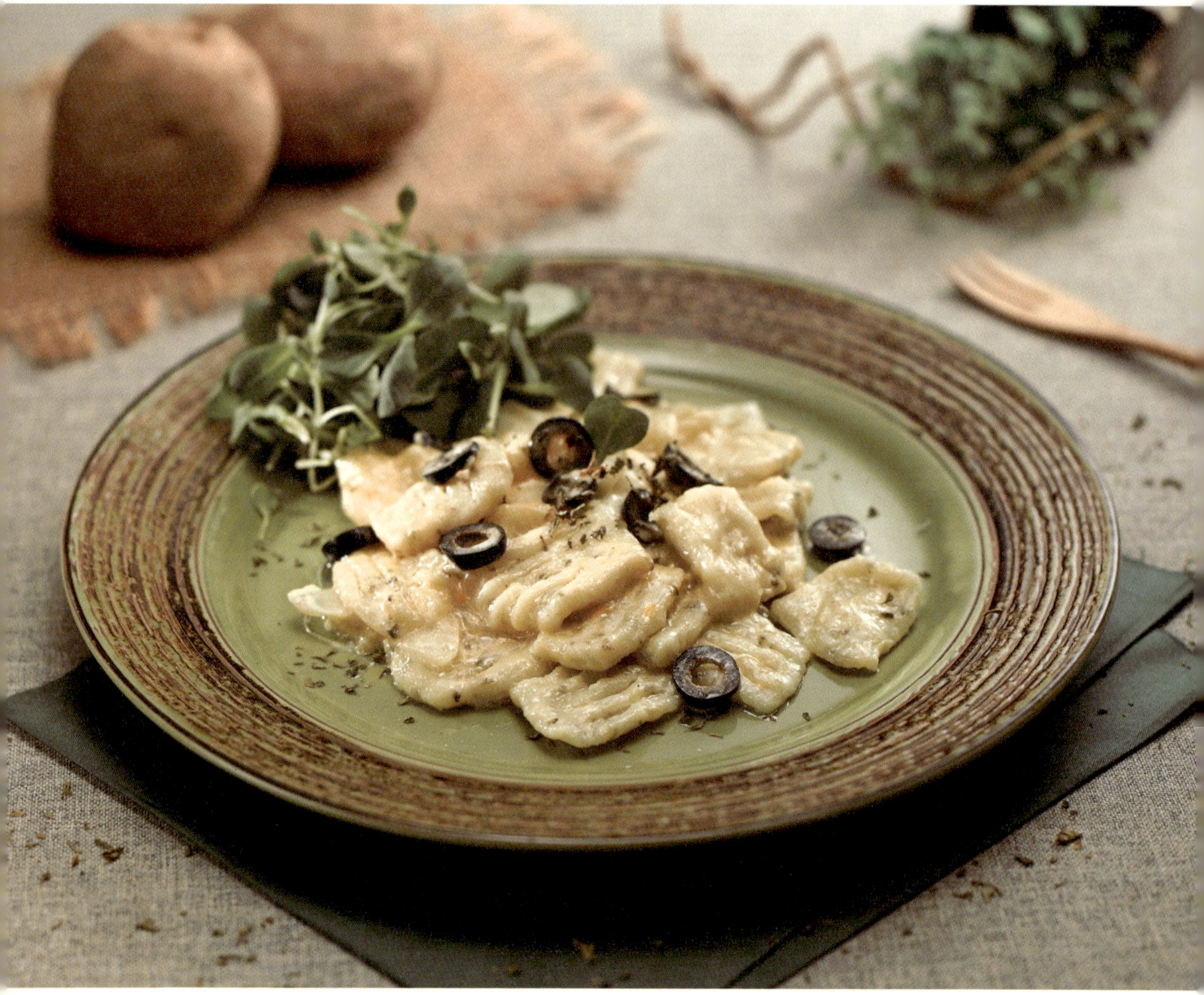

Lunch, Noodle Table 04

# 뇨끼

뇨끼는 삶은 감자를 반죽에 넣어 만드는 파스타의 한 종류인데, 쉽게 생각하면 우리네 수제비를 닮았어요.
일반적인 파스타에 비해 두툼하고 씹는 식감이 좋습니다.
고르곤졸라 치즈로 만든 소스에 버무린 뇨끼가 일반적이지만 가정에 고르곤졸라 치즈가 늘 있지 않기 때문에
보통 많이 먹는 슬라이스 치즈를 이용해 소스를 만들어 보았습니다.

재료 **뇨끼 반죽** 감자 200g, 밀가루(중력분) 100g, 파슬리 가루 1큰술, 소금 1꼬집
올리브오일 1큰술(버무리기 용), 올리브오일 2큰술(볶는 용), 양파 1/2개, 마늘 2톨,
올리브 5알, 우유 100ml, 슬라이스 치즈 1장, 모차렐라 치즈 1장, 소금(삶는 용) 약간,
통후추 약간

과정
1. 감자는 잘 삶아 포크로 으깨준다.
2. 양파와 올리브는 먹기 좋게 자르고 마늘은 편으로 썰어준다.
3. ①의 볼에 밀가루와 파슬리, 소금을 넣고 반죽을 한다.
4. ③의 반죽을 잘 주물러 탄력이 생기면 가늘게 민다.
5. 반죽을 1cm 크기로 자른 다음 뇨끼틀에 찍는다. 틀이 없으면 포크로 꾹 눌러 모양을 낸다.
6. 냄비에 소금과 물을 넣고 끓인 다음 뇨끼를 삶는다.
7. 뇨끼를 건져 올리브오일에 버무려 서로 달라붙지 않게 한다.
8. 팬에 올리브오일을 두르고 마늘을 볶아 향을 낸다.
9. ⑧의 팬에 양파와 올리브를 넣고 약불에서 함께 볶는다.
10. ⑨의 팬에 우유를 넣고 끓이다가 슬라이스 치즈를 뜯어 넣어 녹인다.
11. ⑦의 뇨끼를 ⑩의 팬에 넣어 섞어주고 통후추를 뿌린다.
12. ⑪의 팬에 모차렐라 치즈를 넣고 휘리릭 섞은 다음 불을 끈다.

 **Lady's Tip**

• 뇨끼를 삶을 때는 끓는 물에 뇨끼를 넣고 뇨끼가 동동 떠오를 때 건지면 됩니다.

Lunch, Noodle Table 05

# 꼬치 어묵 우동

이번에는 육수와 쯔유로 국물을 내서 깊이를 더한 우동 한 그릇입니다.
튀김, 유부, 해물 등 취향에 따라, 올라가는 토핑에 따라 다양한 우동을 즐길 수 있어요.
10분이면 뚝딱! 가장 간편하게 만들 수 있는 어묵을 넣은 우동을 소개합니다.

**재료**   육수(14page 참고) 900ml, 쯔유 120ml, 우동 2인분, 꼬치 어묵 2개,
모둠 어묵 1줌, 다진 파 4큰술

**과정**   1. 냄비에 육수와 쯔유를 섞어 끓인다.
2. 국물이 끓기 시작하면 면을 넣고 약 2분간 끓인다.
3. 어묵 재료들을 넣고 1분간 더 끓인다.
4. 그릇에 면과 어묵을 담고 다진 파를 넣은 다음 국물을 붓는다.

쿠킹타임 35분

Lunch, Noodle Table 06
# 해물 짬뽕탕

비가 오면 유독 생각나는 짬뽕 국물. 요즘은 조미료 때문에 짬뽕도 마음 편히 먹기 힘듭니다. 착한 식당을 찾기 어려울 땐 집에서 짬뽕을 한번 만들어 보는 것은 어떨까요? 해물은 푸짐하게, 면은 1인분 정도만 넣어 탕처럼 즐겨 보세요.

**재료**  우동 1인분, 낙지 1/2마리, 새우 3마리, 조개 10~12개, 표고버섯 1개, 청경채 1포기, 알배기배추 5장, 양파 1/2개, 청양고추 1개, 마른 고추 4개, 대파 1/2개, 육수 4컵(14page 참고), 고춧가루 3큰술, 다진 마늘 1큰술, 간장 1큰술, 굴 소스 1큰술, 청주 1큰술, 오일 2큰술

**과정**
1. 낙지는 먹기 좋게 자르고, 새우와 조개는 깨끗하게 씻어 준비한다.
2. 버섯, 양파, 대파, 청양고추는 채 썰고 배추는 3등분하고 청경채는 둘로 갈라 준비한다.
3. 면은 끓는 물에 2분 정도 삶아 준비한다.
4. 약불에 팬을 올리고 오일을 두른 뒤 다진 마늘을 넣고 볶다가 향이 나면 마른 고추를 넣어 섞고 양파와 고춧가루를 넣어 볶는다.
5. ④의 팬에 손질한 낙지와 새우, 조개, 청주를 넣고 볶다가 굴 소스를 넣어 볶는다.
6. 육수를 ⑤의 팬에 붓고 버섯, 청양고추를 넣고 불을 센불로 올려 5분 정도 더 끓인다.
7. 간장으로 간을 하고 대파와 청경채, 알배기배추를 넣고 1분 정도 더 끓인다.
8. ⑦의 팬에 미리 삶아 둔 면을 넣고 1분간 더 끓이고 그릇에 담는다.

Lunch, Noodle Table 07

# 황태 비빔국수

황태는 칼로리가 낮아 살찔 염려가 적고 콜레스테롤도 없는 좋은 재료에요.
황태로 무침을 만들어 반찬으로 먹어도 좋지만, 비빔국수 고명으로 올려 먹으면 더욱 별미랍니다.

쿠킹타임
15분

**재료** 소면 2인분, 황태채 50g, 양파 1/2개, 물 1/2컵
**황태 양념** 고추장 1큰술, 고춧가루 1작은술, 매실 액기스 1큰술, 아가베 시럽 1/2큰술, 간장 1작은술, 다진 마늘 1/2작은술, 다진 파 1큰술, 참기름 1/2큰술, 깨 적당량
**소면 양념** 초고추장 2큰술, 고춧가루 1큰술, 간장 2큰술, 매실액 3큰술, 참기름 1큰술, 깨 적당량

**과정**
1. 양파는 강판에 갈고 황태는 먹기 좋은 크기로 자른다.
2. ①의 양파 간 것에 물을 섞고 황태채를 넣어 불린다.
3. 10분 정도 후 황태의 물기를 꼭 짠 다음 분량의 양념을 넣고 조물조물 무친다.
4. 냄비에 소면을 삶은 다음 찬물에 헹궈 물기를 뺀다.
5. ④의 소면을 양념장에 버무린다.
6. 그릇에 ⑤의 면을 담은 후 그 위에 황태 무침을 올린다.

 **Lady's Tip**

• 맹물에 황태채를 불리면 맛이 빠져나가 싱거워지지만, 양파즙과 함께 불리면 황태에 양념이 되어 맛을 잡아줍니다. 불리는 과정에서 황태를 한번 뒤적여 주면 골고루 스며들게 되겠죠.

Lunch, Noodle Table 08

# 매생이 칼국수

매생이는 청정지역에서만 자라는 무공해 식품으로 저지방, 저칼로리 식품이랍니다.
매생이는 특히 다이어트에 좋고 칼슘이 풍부한 해조류입니다.
국으로 끓여 먹으면 부드러운 식감에 술술 넘어가지만 뜨거울 때 먹으면 입을 데기 쉬우니 조심해서 먹어야 합니다.
매생이는 잘게 잘라 넣는 것이 먹기 편하니 참고하세요.

재료  칼국수 2인분, 육수 8컵(14page 참고), 매생이 1줌, 애호박 1/3개, 양파 1/4개, 청양고추 1/2개, 국시장국 1큰술, 액젓 1/2큰술

과정
1. 냄비를 2개 준비해 한쪽엔 육수를, 다른 한쪽엔 면을 삶는다.
2. 매생이는 물에 흔들어 헹군 다음 체에 밭쳐 물기를 빼주고 먹기 좋은 크기로 잘게 잘라준다.
3. 애호박과 양파, 청양고추는 먹기 좋게 썬다.
4. 육수가 끓으면 ③의 채소를 넣어 함께 끓인다.
5. 양파가 투명해지면 다른 냄비에서 삶은 면을 건져 육수 냄비에 넣는다.
6. ⑤의 냄비에 매생이를 넣고 한번 우루룩 끓어오르면 국시장국과 액젓으로 간을 하고 불을 끈다.

 **Lady's Tip**

• 매생이는 간간한 해조류여서 간을 많이 하면 안 된답니다.
  먼저 국시장국만 넣고 간을 본 다음, 모자라는 간은 액젓으로 해 주세요.

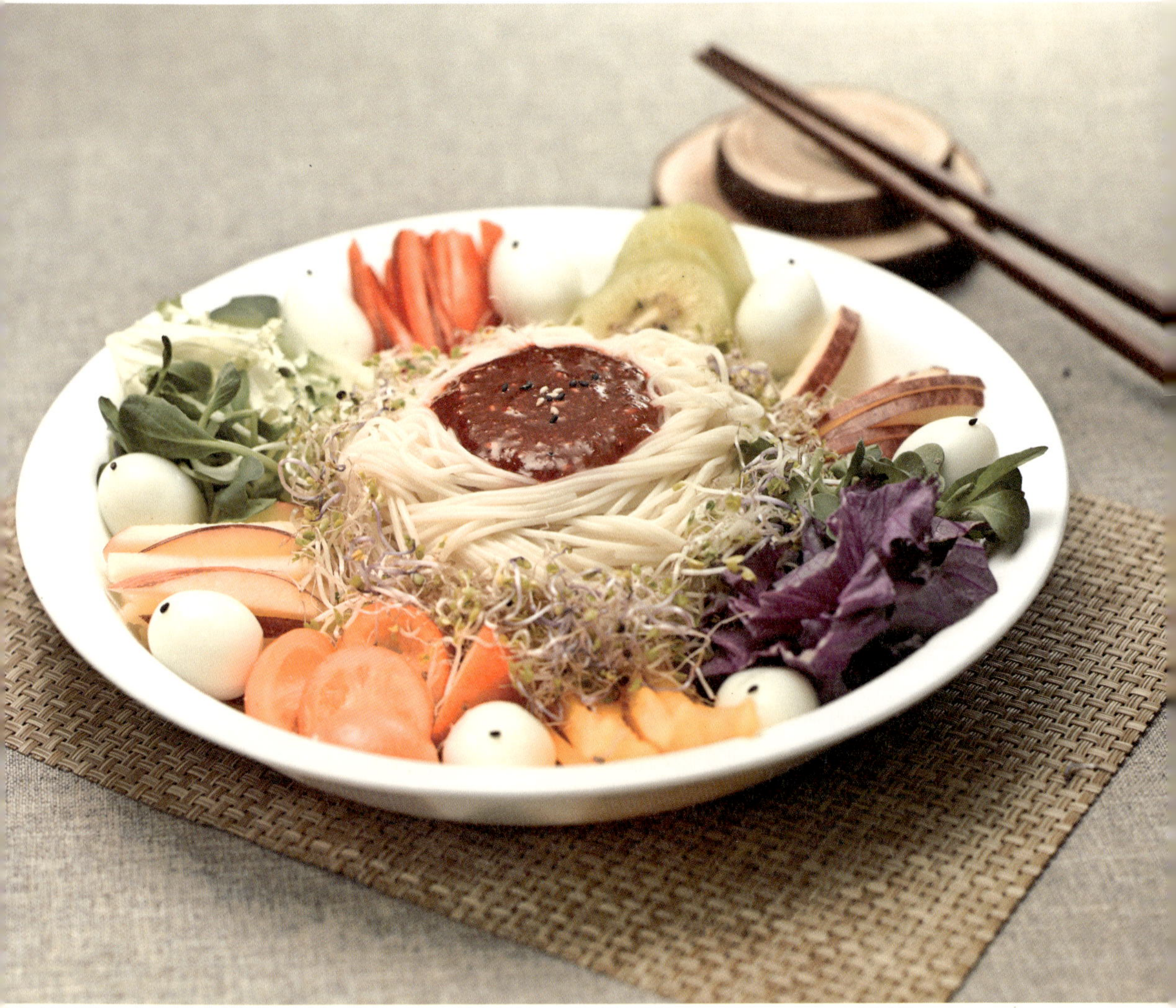

Lunch, Noodle Table 09

# 쟁반국수

상큼한 과일과 신선한 채소를 쟁반에 빙 둘러 담아 비벼 먹는 쟁반국수는 보기만 해도 군침이 돌고 푸짐해 보인답니다.
간단한 손님 초대 메뉴로도 손색이 없는 쟁반국수.
오늘은 가까운 친구를 초대해 쟁반국수를 준비해 보세요. 준비 과정도 간단하답니다.

**재료** 소면 2인분, 빨강 파프리카 1/4개, 노랑 파프리카 1/4개, 사과 1/2개, 새싹 1줌, 어린잎채소 1줌, 키위 1개, 금귤 3개, 메추리알 10개
**양념** 초고추장 5큰술, 고춧가루 3큰술, 키위즙 4큰술, 다진 마늘 1큰술, 매실액 2큰술, 조청 3큰술, 들깨 가루 1큰술, 깨 적당량

**과정**
1. 키위를 강판에 갈아 즙을 내고 모든 양념장 재료들과 섞는다.
2. 메추리알은 삶아 껍질을 깐다.
3. 소면을 삶아 찬물에 헹구고 물기를 빼준다.
4. 모든 과일, 채소 재료들은 먹기 좋게 썰어 준비한다.
5. 쟁반에 모든 재료를 빙 둘러 담는다. 양념장은 따로 준비하여 먹기 직전에 비빈다.

 **Lady's Tip**

- 쟁반국수의 재료들인 과일, 채소 재료는 취향에 따라 골라 즐겨 보세요.

Lunch, Noodle Table 10

# 검은콩국수

고소한 콩국수 한 그릇을 먹고 싶을 때 제가 간편하게 만들어 먹는 방법입니다.
콩을 불리고 끓이는 과정 없이 두부와 우유로 만드는 초간단 콩국수. 두부는 생식용 두부를 이용하세요.

**재료**  소면 2인분, 생식용 검은콩 두부 2팩(약 280g), 우유 400ml, 선식 가루 1큰술, 소금 1꼬집, 얼음 4~5조각, 잘게 썬 김 약간

**과정**
1. 두부, 우유, 선식 가루를 믹서나 도깨비방망이를 이용해 갈아준다.
2. ①을 냉장고에 넣어 차게 한다.
3. 면을 삶아 찬물에 헹구어 물기를 뺀다.
4. 그릇에 면을 담고 차갑게 해 둔 콩국물을 붓고 얼음을 띄운다.
5. 잘게 썬 김으로 장식하여 마무리하고, 먹을 때 입맛에 맞게 소금간을 한다.

 **Lady's Tip**

- 위의 레시피의 재료로 콩국수를 만들면 걸쭉한 농도의 콩국물이 탄생합니다. 걸쭉한 국물이 싫다면 우유의 양을 500ml로 늘려 만들어 보세요.

2nd. Lunch Table
PART 2

든든한 밥
한 그릇의 즐거움

한국인들에게 밥이 빠지면 어딘가 모르게 서운하답니다.
혼자 있어도 꼭꼭 챙겨 먹고 싶어지는
든든한 한 그릇 밥 레시피들을 모았습니다.

쿠킹타임 20분

Lunch, Rice Table 01

# 커리라이스

커리는 제가 냉장고 정리할 때 주로 하는 요리랍니다.
그때그때 들어가는 재료에 따라 다양하게 즐길 수 있어 좋은 커리.
고기나 새우를 넣은 커리라이스도 맛있지만 채소만 넣은 커리라이스도 산뜻하답니다.

**재료** 고형 커리 4조각, 양파 1/2개, 감자 1개, 방울토마토 4개, 애호박 1/4개, 오일 1큰술, 물 적당량

**과정**
1. 모든 재료는 먹기 좋게 썰고 방울토마토는 칼을 이용해 살짝 터트린다.
2. 팬에 오일을 두르고 양파를 잘 볶아준다.
3. 양파가 갈색빛을 띠면 제일 단단한 감자를 넣고 함께 볶아준다. 이때 물을 2~3큰술 정도 넣고 볶으면 잘 익는다.
4. 감자가 반 정도 익으면 나머지 재료들을 넣고 골고루 잘 섞는다.
5. ④의 팬에 고형 커리 조각을 잘게 잘라 넣고 불을 끈 다음 채소에 버무리듯 섞는다.
6. 커리가 녹아들면 다시 불을 켜고 재료가 잠길 정도로 물을 붓고 끓인다.
7. 커리가 끓기 시작하면 불의 세기를 약불로 줄이고 저어주면서 끓이다가 적당한 농도가 되면 불을 끈다.

 **Lady's Tip**
- 먼저 양파를 충분히 볶아주면 더욱 감칠맛이 살아납니다.
- 방울토마토를 넣으면 커리의 풍미가 더욱 좋아집니다.
- 고형 커리 조각을 넣은 다음 불을 끄고 버무려야 더 잘 녹습니다.

Lunch, Rice Table 02

# 하야시라이스

흔히 하이라이스라고 알고 있지만 정확한 이름은 하야시라이스입니다.
진한 갈색빛 소스의 하야시라이스는 커리라이스보다 더 부드럽고 크리미하답니다.

재료   고형 하야시라이스 3조각, 물 1 + 1/2컵, 케첩 1큰술, 소고기(샤브샤브용) 1줌, 양파 1개, 오일 1큰술, 통후추 적당량

과정   
1. 양파와 소고기는 먹기 좋게 잘라 준비한다.
2. 팬에 오일을 두르고 양파를 볶는다.
3. 양파가 투명해지면 소고기를 넣고 잘 펴주면서 익히고 통후추를 살짝 뿌려준다.
4. 고기가 잘 익으면 물을 붓고 팔팔 끓인다.
5. ④의 팬에 하야시라이스 조각을 넣고 약불로 줄여 은근하게 끓인다.
6. 케첩을 넣고 눌어붙지 않게 저어가며 끓이다가 적당한 농도가 되면 불을 끈다.

Lunch, Rice Table 03

# 오이 초밥

아삭한 오이의 산뜻한 식감이 입맛을 살려주는 메뉴에요.
나른하거나 기분이 축 쳐질 때 특히 추천합니다.

재료   밥 2인분, 오이 2개, 크래미(맛살) 100g, 마요네즈 1/2큰술, 머스터드 1/2작은술,
       월남쌈 소스 적당량, 새싹 적당량

과정   1. 오이는 필러를 이용해 얇게 깎아 씨가 없는 부분으로만 준비한다.
       2. 크래미는 잘게 찢어 마요네즈와 머스터드로 양념한다.
       3. 밥을 한입 크기로 뭉쳐 ①의 오이로 둥글게 감싼다.
       4. 밥 위에 월남쌈 소스를 티스푼으로 살짝 떠서 올린다.
       5. ④의 위에 양념한 크래미를 듬뿍 올리고 새싹을 올려 마무리한다.

 **Lady's Tip**

• 새콤하면서 짭조름한 월남쌈 소스를 밥에 뿌려주면 초밥간을 따로 하지 않아도 됩니다.

Lunch, Rice Table 04

# 두부 & 김치 김밥

간편하면서 색다른 김밥이 생각날 때는 담백한 두부와 아삭한 식감의 김치를 이용해 보세요. 부드러운 두부와 짭조름한 김치, 고소한 김이 만들어 내는 맛의 궁합이 참 좋아요.

**재료**  김밥용 김 2장, 밥 2인분, 참기름 1작은술, 검은깨 1꼬집, 두부 1/4모(세로 크기), 김치 잎 2장, 깻잎 6장, 슬라이스 햄 4장

**과정**
1. 밥에 참기름과 검은깨를 넣어 양념한다.
2. 슬라이스 햄에 뜨거운 물을 끼얹어 여분의 기름기을 제거한다.
3. 두부는 길게 잘라 단단하게 부친다.
4. 김치는 양념을 털고 자르지 않고 준비한다.
5. 김발에 김밥용 김을 올리고 밥을 적당히 펴서 깐다.
6. 밥 위에 깻잎을 3장 올리고 그 위에 슬라이스 햄을 2장 깐다.
7. ⑥의 위에 김치를 1장 깔고 두부를 올린다.
8. ⑦을 돌돌 말아 한입 크기로 썬다.

Lunch, Rice Table 05

# 소시지 김밥

김밥 한 가운데로 소시지가 쏙 ~ 동글동글한 모양이 귀여운 김밥입니다.
소시지는 짜지 않은 것으로 골라야 담백하게 즐길 수 있습니다.

재료  김밥용 김 2장, 밥 2인분, 참기름 1작은술, 검은깨 1꼬집, 프랑크소시지 2개, 달걀 2개, 깻잎 6장, 쌈무 8장

과정  1. 소시지는 끓는 물에 데쳐 준비하고 달걀은 노른자와 흰자를 구분해 지단을 부친다.
2. 밥에 참기름과 검은깨를 넣어 양념한다.
3. 김발에 김밥용 김을 올리고 밥을 적당히 펴서 깐다.
4. 깻잎을 3장 깔고 그 위에 쌈무를 4장 깐다.
5. 그 위에 달걀 흰자 한장, 노른자 한장을 올리고 가운데에 소시지를 넣어 만 다음 한입 크기로 썬다.

 **Lady's Tip**

- 김밥 속 쌈무가 단무지 역할을 해줍니다. 쌈무는 4장으로도 충분하지만 아삭한 식감을 더 원한다면 더 겹쳐 넣으세요.

Lunch, Rice Table 06

# 규동

일본식 소고기 덮밥인 규동은 양념 국물이 밥에 배어들어 촉촉한 맛이 매력입니다.
든든하면서도 간단한 한끼로 좋은 메뉴랍니다.

재료  밥 2인분, 얇은 소고기 200g, 양파 1/2개, 설탕 1/2큰술, 간장 1 + 1/2큰술, 맛술 1큰술, 물 60ml

과정
1. 냄비에 소고기를 넣고 젓가락으로 잘 펴주면서 앞뒤로 익힌다.
2. 고기의 붉은기가 거의 없어지면 양파를 넣고 함께 볶는다.
3. 양파가 투명해지면 설탕-간장-맛술 순서대로 넣고 볶는다.
4. ③에 분량의 물을 넣고 중불로 끓이다가 국물이 자작해지면 불을 끈다.
5. 그릇에 밥을 담고 ④의 고기와 양파, 국물을 부어 촉촉하게 담는다.

 **Lady's Tip**

• 일본 스타일로 짭조름하면서 달콤한 맛을 원한다면 설탕을 1/2큰술 더 넣으세요.

Lunch, Rice Table 07

# 멸치 주먹밥

밑반찬으로 좋은 잔멸치 볶음을 넣은 주먹밥은 만들기도 쉽고 칼슘 섭취에도 좋은 메뉴입니다.

**재료**  밥 2인분, 잔멸치 30g, 다진 호두 10g, 오일 1작은술, 간장 1/2작은술, 아가베 시럽 1작은술, 참기름 1/2작은술, 깨 적당량

**과정**
1. 팬에 멸치만 넣고 노릇노릇하게 볶는다.
2. 볶아진 멸치는 체에 걸러 불순물을 제거해 주고 팬을 깨끗이 닦는다.
3. 깨끗해진 팬에 ②의 멸치와 호두를 넣고 약불에 올린다.
4. ③의 팬에 오일과 간장, 아가베 시럽을 넣고 불을 끄고 골고루 섞는다.
5. 밥에 ④의 멸치 볶음과 참기름, 깨를 넣고 잘 섞은 다음 한입 크기로 만든다.

Lunch, Rice Table 08

# 굴 무침 비빔밥

매콤새콤하게 무친 굴을 밥에 올려 비벼 보세요.
입안에 생기가 돌고, 잃었던 입맛도 돌아옵니다.

**재료** 밥 2인분, 굴 300g, 양파 1/3개, 쪽파 2대, 초고추장 3큰술, 설탕 2큰술, 된장 1작은술, 다진 마늘 1꼬집, 참기름 2~3방울

**과정**
1. 굴은 깨끗하게 씻어 체에 밭쳐 물기를 뺀다.
2. 양파와 쪽파는 길게 썬다.
3. 볼에 초고추장, 설탕, 된장, 마늘을 넣고 ①의 굴과 ②의 양파, 쪽파를 함께 넣어 살살 무친다.
4. 밥을 담고 ③의 굴 무침을 적당히 올린 다음 참기름을 떨어뜨려 마무리한다.

Lunch, Rice Table 09

# 견과류 쌈장과 양배추 쌈밥

양배추를 삶으면 부드러워지면서 달큰한 맛이 나서 쌈장과 함께 곁들이면 참 맛있어요.
양배추는 소화를 도와주고 속을 편안하게 해 준답니다.
쌈장에 견과류를 갈아 넣으면 많이 짜지 않아 건강하게 즐길 수 있어요.

재료  밥 2인분, 양배추 1/2통, 된장 4큰술, 고추장 2큰술, 들기름 1/2큰술, 다진 마늘 적당량, 다진 파 적당량, 견과류(간 것) 2큰술(15page 참고)

과정  1. 양배추는 굵은 심을 칼로 잘라 제거하고 찜통에 올려 4~5분 정도 찐다.

2. 된장, 고추장, 들기름, 다진 마늘, 다진 파, 견과류는 잘 섞는다.

3. 삶은 양배추를 넓게 편 다음 밥을 적당히 올린다.

4. ③을 돌돌 말아 한입 크기로 자르고 그 위에 ②의 견과류 쌈장을 올려 마무리한다.

Lunch, Rice Table 10

# 김치볶음밥

간단하게 만들 수 있는 김치볶음밥.
별다른 반찬이 없어도 맛있게 먹을 수 있는 김치볶음밥을 더욱 손쉽게 만들어 보아요.

**재료** 밥 2인분, 김치 100g, 프랑크소시지 1개, 들기름 1큰술, 오일 1/2큰술, 달걀 2개, 깨 적당량

**과정**
1. 김치는 송송 썰어 들기름과 오일을 넣고 조물조물 무친다. 소시지는 잘게 다진다.
2. 팬에 김치를 볶다가 잘게 다진 소시지도 함께 볶는다.
3. 어느 정도 김치 숨이 죽으면 밥을 넣고 볶는다.
4. 달걀 프라이를 부친다.
5. 접시에 ③의 김치볶음밥을 나눠 담고 달걀 프라이를 올린다.

 **Lady's Tip**

- 깔끔한 볶음밥을 원한다면 김치 양념을 털고 넣으면 됩니다.
- 밥을 볶을 때에는 주걱을 세워 밥을 자르듯 볶아야 밥알이 뭉개지지 않습니다.

### 3rd. Dinner Table
속까지 편한 건강한 저녁 상차림

냉이 된장찌개

순두부찌개

비지찌개

시래기 들깨 된장국

매운 찜닭

샤브샤브

버섯 & 채소볶음

표고버섯 강정

궁중 떡볶이

등갈비 김치찌개

감자 고추장찌개

청국장

들깨 미역국

어묵전골

버섯전골

한식 찹스테이크

황태 양념 구이

깻잎전과 아삭이고추전

도토리묵 김치무침

두부 조림

*3rd. Dinner Table*

# 속까지 편한 건강한
# 저녁 상차림

쫓기는 듯한 하루를 보내고 나면 따뜻한 집밥이 눈물 나게 그리워져요.
보글보글 찌개나 국에 밥 한 그릇!
훈훈함은 보너스로 얻게 되는 풍성한 저녁 식사 메뉴를 소개합니다.
화려하진 않아도, 반찬 가짓수가 많진 않아도 가족들을
포근하게 위로해 줄 식탁을 차려 보세요.
정성과 사랑, 20가지의 메인 메뉴 레시피만 있으면 밥맛이 꿀맛이 됩니다.

**남편의 한마디**

"아내의 정성이 가득 담긴 밥상을 생각하면 퇴근하는 발걸음이 빨라집니다."

Dinner Table 01

# 냉이 된장찌개

구수한 된장찌개에 향긋한 냉이를 넣으면 기운이 돋아요.
은근 몸이 무거워지는 봄의 힐링푸드로 딱입니다. 향긋한 냉이로 기분 전환하세요~!

쿠킹타임
15분

재료 육수 3컵(14page 참고), 냉이 1줌, 애호박 1/4개, 표고버섯 1개, 두부(작은 크기) 1/2모, 청양고추 1/2개, 대파 적당량, 된장 1 + 1/2큰술, 고추장 1/2작은술

과정
1. 냉이는 깨끗하게 손질하고 너무 두꺼운 것은 갈라 다듬는다.
2. 애호박, 버섯, 두부, 대파, 청양고추는 먹기 좋게 썬다.
3. 냄비에 육수가 끓으면 ②의 채소들을 넣고 끓이다가 호박이 익으면 된장과 고추장을 풀어 끓인다.
4. ③이 한소끔 끓어오르면 냉이를 넣은 뒤 뚜껑을 덮고 불을 끈다.

 **Lady's Tip**

- 냉이는 맨 마지막에 넣어 향을 살립니다.

쿠킹타임 25분

Dinner Table 02

# 순두부찌개

뜨끈한 음식이 생각날 때 몽글몽글 부드러운 순두부찌개를 밥에 쓱쓱 비벼 먹으면 온 몸이 훈훈해집니다. 달걀을 하나 톡 깨뜨려 곁들여 먹으면 더 든든하답니다.

**재료** 순두부 1봉, 김치 150g, 굴 5~6개, 육수 1컵(14page 참고), 대파 적당량, 달걀 2개
**양념** 고춧가루 2큰술, 식용유 2큰술, 다진 마늘 아주 적당량

**과정**
1. 순두부는 봉지 가운데를 칼로 잘라 그대로 체에 밭쳐 물기를 뺀다.
2. 팬에 고춧가루, 식용유, 다진 마늘(양념 재료)을 넣고 약불에서 타지 않게 볶는다.
3. 고춧가루 향이 나면 ②를 덜어두고 그대로 김치를 넣고 볶는다.
4. 뚝배기에 ③의 김치와 육수를 넣고 바글바글 끓인다.
5. 물기를 뺀 순두부와 덜어두었던 양념, 대파를 ④의 뚝배기에 넣고 한소끔 끓인다.
6. ⑤의 재료들이 보글보글 끓으면 굴을 넣고 달걀을 올린 다음 불을 끈다.

 **Lady's Tip**
- 순두부는 부수지 말고 덩어리째 넣고 끓여야 찌개가 지저분해지지 않아요.
- 찌개를 끓이기 20~30분 전 순두부를 미리 체에 밭쳐 물기를 빼주어야 국물이 흥건해지지 않습니다.

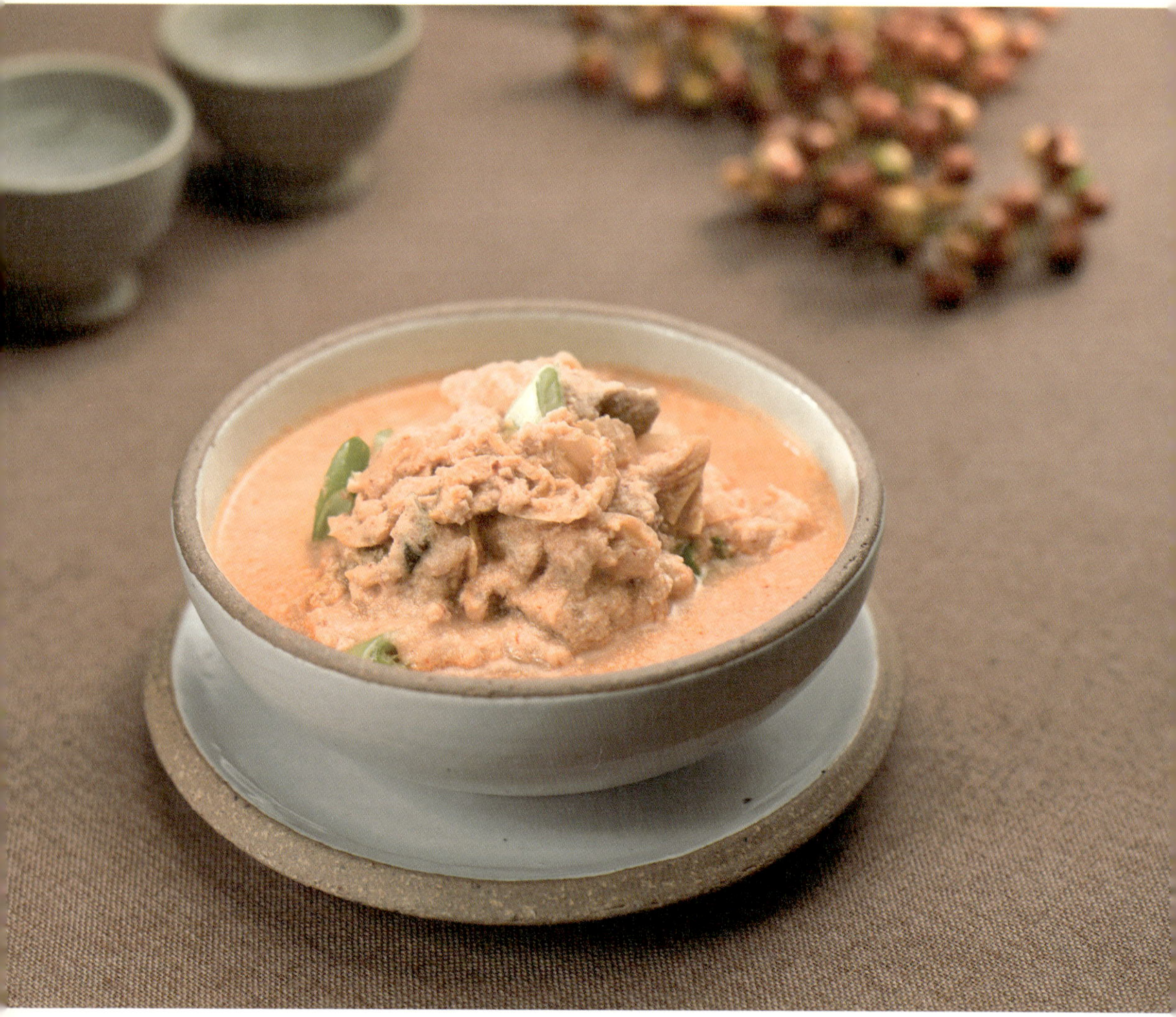

Dinner Table 03

# 비지찌개

비지는 두부를 만들고 남은 부산물이지만 두부 못지 않게 영양이 풍부합니다.
고소한 비지와 김치로 맛을 낸 비지찌개는 개운하고 담백해 속이 든든해진답니다.
단백질을 듬뿍 섭취할 수 있는 비지찌개를 후후 불어가며 즐겨 보세요.

재료  콩비지 150g, 김치 150g, 삼겹살 60g(맛술 1큰술, 고춧가루 1작은술, 다진 마늘 적당량으로 밑간), 청양고추 1개, 대파 적당량, 육수 2컵(14page 참고), 오일 적당량, 천일염 약간

과정
1. 삼겹살은 먹기 좋게 잘라 밑간을 하고 김치, 고추, 대파는 송송 썬다.
2. 냄비에 오일을 두르고 밑간을 한 삼겹살을 볶다가 김치를 넣고 함께 볶는다.
3. 김치가 투명해지면 육수 1컵을 붓고 팔팔 끓인다.
4. ③의 냄비에 비지와 나머지 육수 1컵을 넣고 중불에서 5분 정도 저어가며 끓인다.
5. 청양고추와 대파를 넣고 한소끔 더 끓인다. 간은 천일염으로 한다.

 Lady's Tip

• 삼겹살은 미리 밑간을 해 두었다가 요리를 하면 찌개의 맛이 더 깊어집니다.

Dinner Table 04

# 등갈비 김치찌개

흔히 '립'이라고 부르는 등갈비는 보통 바비큐로 먹지만 칼칼하고 개운한 김치찌개에 넣어 먹어도 별미랍니다.

**재료** 삶은 등갈비 10조각, 김치 잎 12장, 풋고추 1개, 육수 8국자(14page 참고), 김치 국물 1/2컵, 다진 마늘 1작은술, 고춧가루 1/2큰술, 설탕 1/3큰술

**과정**
1. 김치 10장은 잎째 준비하고 나머지 2장은 먹기 좋은 크기로 썬다. 풋고추도 송송 썰어둔다.
2. 육수에 김치 국물, 다진 마늘, 고춧가루, 설탕을 넣고 섞는다.
3. 잎째 준비한 김치 한 장에 등갈비 하나를 올리고 돌돌 말아준다(10장 모두).
4. 송송 썬 김치를 냄비 밑에 깐다.
5. 그 위에 돌돌 말아 둔 등갈비를 올린다.
6. ②를 ⑤의 냄비에 붓고 ①의 풋고추를 올린 다음 바글바글 끓인다.

 **Lady's Tip**

- 등갈비 길이와 김치 길이를 맞추는 것이 돌돌 말기 편해요.
- 등갈비 삶는 법은 바비큐립(232page)을 참고하세요.

Dinner Table 05

# 감자 고추장찌개

쿠킹타임
15분

통통하게 살이 오른 감자와 담백한 애호박을 듬뿍 넣고 끓인 고추장찌개는
칼칼하고 개운해 뜨끈한 국물이 생각날 때 끓이면 별미에요.
특히 캠핑 할 때 끓이는 찌개의 맛이 느껴져 더 행복해지는 맛이랍니다.

재료　육수 2컵(14page 참고), 고추장 1큰술, 된장 1/2큰술, 다진 마늘 적당량, 감자 1개, 양파 1/2개, 애호박 1/4개, 팽이버섯 약간, 청양고추 1개, 대파 적당량, 고춧가루 1꼬집

과정
1. 감자, 양파, 애호박, 청양고추, 대파는 먹기 좋게 썬다. 팽이버섯도 먹기 좋게 결결이 뜯는다.
2. 냄비에 육수를 붓고 끓어오르면 감자를 먼저 넣고 끓인다.
3. 감자가 반 정도 익으면 ①의 나머지 재료를 넣는다.
4. ③의 냄비에 된장과 고추장을 풀고 다진 마늘과 고춧가루를 넣어 한소끔 더 끓인다.

쿠킹타임
15분

Dinner Table 06
# 청국장

시골 밥상 느낌이 물씬 풍기는 청국장! 개인적으로 날이 갈수록 더욱 좋아지는 음식입니다. 몸에 좋은 성분이 많은 청국장을 듬뿍 떠서 밥에 비벼 먹으면 몸도 마음도 힐링이 됩니다.

**재료**  육수 3컵(14page 참고), 청국장 150g, 김치 50g, 두부 1/4모, 팽이버섯 1줌, 애호박 1/4개

**과정**
1. 김치는 송송 썰고 두부와 애호박은 먹기 좋게 썬다. 팽이버섯도 먹기 좋게 다듬는다.
2. 뚝배기에 육수를 끓이다가 보글보글 끓으면 김치와 애호박을 넣고 끓인다.
3. 김치가 투명해지면 청국장을 넣는다.
4. 청국장 뚝배기가 끓어오르면 두부, 팽이버섯을 넣고 불을 끈다.

Dinner Table 07

# 들깨 미역국

피를 맑게 해주는 미역국에 고소한 들깨를 넣어 맛과 영양을 동시에 더했습니다.
들깨 미역국은 자극적이지 않고 담백한 맛이 일품입니다.

쿠킹타임 20분

재료  육수 6컵(14page 참고), 불린 미역 2줌, 표고버섯 2개, 들깨 가루 4큰술, 간장 2큰술, 들기름 1큰술, 다진 마늘 적당량, 소금 1꼬집, 후추 적당량

과정
1. 미리 불려둔 미역을 먹기 좋게 자르고 버섯도 자른다.
2. ①의 불린 미역에 간장, 들깨 가루를 넣고 조물조물 무친다.
3. 냄비에 들기름과 다진 마늘을 넣고 타지 않게 약불에서 볶는다.
4. ③의 냄비에 ②를 넣고 볶는다.
5. 미역이 흐드러지는 듯 부드러워지면 버섯을 넣는다.
6. ⑤의 냄비에 육수를 붓고 센불로 올린다.
7. 냄비의 육수가 끓어오르면 약불로 줄여 뭉근하게 조금 더 끓이면서 소금과 후추로 간을 한다.

Dinner Table 08

# 시래기 들깨 된장국

들깨가 들어가서 고소하고 된장이 들어가서 구수한 국 한 그릇을 소개할까 합니다.
먹고 나면 마음까지 푸근해지는 시래기 들깨 된장국에 도전해 보세요!

재료

재료  육수 4컵(14page 참고), 삶은 시래기 200g, 된장 1큰술, 다진 마늘 적당량, 들깨 가루 3큰술, 쪽파 적당량

과정
1. 시래기는 먹기 좋게 자르고 쪽파도 송송 썬다.
2. 육수를 냄비에 붓고 끓이다가 된장과 다진 마늘을 넣는다.
3. ②의 냄비에 시래기를 넣고 끓인다.
4. 냄비 속 시래기가 푹 퍼지면 들깨 가루를 넣고 불을 줄인다.
5. ④의 재료들이 보글보글 끓어오르면 쪽파를 넣고 불을 끈다.

**쿠킹타임 35분**

Dinner Table 09

# 매운 찜닭

유독 기운 없어하는 남편을 위해 매운 찜닭은 어떨까요?
간장 소스로 맛을 낸 달콤짭조름한 찜닭에
고춧가루와 매운 고추로 맛을 더한 매운 찜닭으로 남편들의 기운을 살려 주세요!

재료  닭고기 1마리(맛술 1큰술, 후추 적당량으로 밑간), 감자 1개, 양파 1개, 깻잎 8장, 대파 1대, 마른 고추 3개, 간장 2큰술, 고춧가루 1/2큰술, 굴 소스 1작은술, 설탕 1큰술, 다진 파 1큰술, 다진 마늘 1작은술, 참기름 1작은술, 오일 적당량, 물 1컵

과정
1. 닭고기는 맛술, 후추를 뿌려 밑간을 해 둔다.
2. 감자, 양파, 대파는 먹기 좋은 크기로 썬다. 깻잎은 잘게 썰고 마른 고추는 반씩 자른다.
3. 팬에 오일을 두르고 중불에서 닭고기를 앞뒤로 노릇하게 굽는다.
4. ③의 팬에 마른 고추를 넣어 향을 낸다.
5. ④의 팬에 감자를 넣은 다음 물을 붓고 간장, 고춧가루, 굴 소스, 설탕, 다진 파, 다진 마늘을 넣고 끓인다.
6. 감자가 익으면 양파, 대파를 넣고 한소끔 끓인다.
7. 마지막으로 깻잎을 넣고 참기름을 두른 다음 한번 뒤적이고 불을 끈다.

 **Lady's Tip**

- 닭고기는 먹기 좋은 크기로 손질된 닭고기를 구매해야 간편하게 요리할 수 있습니다.

쿠킹타임 10분

Dinner Table 10

# 샤브샤브

취향에 맞게, 제철 채소들로 다양하게 즐길 수 있는 샤브샤브.
재료의 맛을 그대로 맛볼 수 있는 메뉴라 저희 가족들이 좋아하는 메뉴랍니다.
다양한 재료를 준비해 올리면 풍성한 상차림이 되겠죠?

재료

재료  육수 4컵(14page 참고), 국시장국 2큰술, 소고기(샤브샤브용) 400g, 알배기배추 4~5장, 청경채 1포기, 표고버섯 2개, 새우 2마리, 두부 1/4모, 대파 적당량, 우동 1개

과정  1. 준비한 모든 재료는 먹기 좋은 크기로 잘라 준비한다.
2. 냄비에 육수를 붓고 끓으면 원하는 재료를 넣고 데쳐 먹는다.
3. 육수가 졸아들면 여분의 육수를 더 붓고 끓인다.
4. 마지막에 우동을 넣고 끓여 먹는다.

 Lady's Tip

• 국물이 졸아들 것을 대비해 여분의 육수 1~2컵을 더 준비합니다.

## Dinner Table 11
# 어묵전골

쿠킹타임 25분

**재료** 육수 4~5컵(14page), 꼬치 어묵 2개, 모듬 어묵 1/2줌, 떡 1/2줌, 만두 2개, 표고버섯 1개, 청양고추 1개, 대파 적당량, 액젓 1큰술

**과정**
1. 만두는 미리 쪄서 준비하고 고추, 대파는 잘라 준비한다.
2. 전골냄비에 어묵, 떡, 만두, 버섯, 고추를 빙 둘러 담고 육수를 충분히 붓고 끓인다.
3. 국물이 끓어오르면 간을 보아 입맛에 맞게 액젓으로 간을 하고 대파를 올린 뒤 불에서 내린다.
4. 냄비를 식탁 위로 옮겨 휴대용 가스레인지에 올리고 약불로 끓여가며 먹는다.

### Lady's Tip
• 전골로 먹어도 좋고 술안주로도 좋은 메뉴입니다.

Dinner Table 12
# 버섯전골

버섯을 넣고 보글보글 끓여가며
먹는 전골은 다 먹을 때까지
식지 않아 좋아요.
버섯을 다양하게 넣어
식탁을 풍성하게 채워 보세요.

쿠킹타임 25분

**재료** 육수 3컵(14page 참고), 표고버섯 2개, 팽이버섯 1줌, 느타리버섯 1줌, 새송이버섯 1개, 백만송이버섯 2줌, 양송이버섯 1개, 양파 1/4개, 대파 1개, 쑥갓 적당량, 국시장국 1큰술, 소금 1꼬집, 후추 적당량

**과정**
1. 버섯과 양파, 대파, 쑥갓은 먹기 좋게 썬다.
2. 냄비에 버섯과 양파, 쑥갓을 먹기 좋게 담는다.
3. 육수를 붓고 센불에 끓인다.
4. 육수가 팔팔 끓으면 중불로 낮추고 거품을 걷은 뒤 대파를 넣는다.
5. 국시장국, 소금, 후추로 간을 한다.

Dinner Table 13

# 한식 찹스테이크

먹기 좋게 자른 스테이크를 소스와 함께 볶아 즐기는 찹스테이크.
소스는 양식 스타일이지만, 꽈리고추를 넣어 한국식 스타일로 만들어 봤어요.
칼칼하면서도 입맛을 당기는 메인 메뉴랍니다.

**재료**  소고기 갈비살 100g, 꽈리고추 1줌, 월계수 잎 1장, 통후추 적당량, 소금 1/2꼬집
**소스**  물 1/2컵, 레드와인 2큰술, 굴 소스 1큰술, 아가베 시럽 1 + 1/2큰술

**과정**
1. 소고기는 먹기 좋은 크기로 자르고 꽈리고추는 양념이 잘 배도록 포크를 이용해 구멍을 낸다.
2. 팬에 고기를 올리고 통후추를 갈아 뿌리고 소금도 뿌려 굽는다.
3. 고기가 잘 구워지면 꽈리고추와 분량의 소스를 넣고 약불에서 끓인다.
4. 마지막으로 월계수 잎을 넣고 끓이다가 양념이 바글바글 끓으면 저어가며 졸이고 소스가 적당히 걸쭉해지면 그릇에 담는다.

 **Lady's Tip**

• 입맛에 따라 소스에 케첩 1큰술을 더 넣어도 좋아요.

쿠킹타임 30분

Dinner Table 14

# 황태 양념 구이

꼬들꼬들하면서도 부드럽게 즐길 수 있는 황태 구이.
여기에 맛깔스러운 양념을 발라가며 구워주면 영양 만점 밥도둑 역할을 합니다.
갓 지은 밥 위에 올려 먹는 황태 양념 구이, 오늘 저녁 식사 메뉴로 어떠세요?

**재료** 황태포 1마리, 양파 1/2개, 물 1/2컵, 다진 쪽파 1큰술, 오일 2큰술, 참기름 2~3방울, 깨 적당량
**양념** 고추장 1큰술, 간장 1작은술, 조청 1/2작은술, 청양고추 1/2개

**과정**

1. 양파는 잘게 다져 황태에 올리고 물을 부어 10분 정도 촉촉하게 불린다.
2. 고추는 송송 썰고 고추장, 간장, 조청과 섞어 양념장을 만든다.
3. 불린 황태의 머리, 꼬리, 지느러미는 가위로 잘라 다듬는다.
4. 황태를 4~5등분한다.
5. 황태를 뒤집어 ②의 양념을 골고루 바른 뒤 팬에 오일을 두르고 중불에서 껍질 부분부터 굽는다.
6. 껍질 부분이 노릇노릇 구워지면 약불로 줄이고 뒤집어 양념 바른 부분을 굽는다.
7. 황태가 적당히 구워지면 접시에 담고 참기름을 떨어뜨린 다음 깨를 뿌려 마무리한다.

 **Lady's Tip**

• 양념이 타지 않게 불 조절에 신경을 써야 합니다.

Dinner Table 15

# 버섯 & 채소볶음

영양 만점 버섯을 다양한 채소와 볶으면 맛과 영양이 더 좋아지겠죠?
냉장고에 남아 있는 재료들을 다양하게 활용할 수 있는 볶음 요리를 소개합니다.

재료  백만송이버섯 1팩, 팽이버섯 1묶음, 빨강 파프리카 1/4개, 노랑 파프리카 1/4개, 당근 1/4개, 오일 1큰술, 굴 소스 1/2작은술, 케첩 1/2작은술, 통후추 약간

과정  1. 버섯은 먹기 좋은 크기로 잘라주고 파프리카, 당근은 채 썬다.

2. 팬에 오일을 두르고 파프리카와 당근을 볶아준다.

3. ②의 파프리카, 당근에 굴 소스와 케첩을 넣고 볶는다.

4. 마지막에 버섯을 넣고 숨이 죽지 않도록 살짝 볶은 다음 후추를 갈아 뿌린다.

Dinner Table 16

# 표고버섯 강정

닭 강정 만큼이나 맛있는 표고버섯 강정입니다.
쫄깃한 버섯의 식감도 살아 있고 매콤, 새콤, 달콤한 소스가 입맛을 돋아
버섯을 잘 안 먹는 아이들도 맛있게 먹을 수 있답니다.

쿠킹타임
35분

재료   표고버섯 1팩(간장 1큰술, 들기름 1큰술, 후추 적당량으로 밑간), 녹말가루 3큰술, 마른 고추 2개, 다진 호두 1큰술
**양념** 고추장 1큰술, 아가베 시럽 2큰술, 매실 액기스 1큰술, 오일 4큰술, 다진 마늘 1/2큰술, 간장 1큰술, 케첩 1/2큰술, 물 50ml

과정
1. 표고버섯은 도톰하게 잘라 밑간을 한다. 위생팩에 녹말가루를 넣고 표고버섯과 함께 흔들어 녹말가루를 묻혀준다.
2. 양념장을 만든다.
3. 팬에 오일을 넣어 달구고 버섯을 튀긴 다음 키친타월에 올려 기름을 빼고 다시 한번 더 튀긴다.
4. 팬을 잘 닦고 ②의 양념장을 약불에 올린다.
5. 소스가 바글바글 끓으면 튀겨둔 버섯과 마른 고추를 넣는다.
6. 버섯에 소스가 골고루 묻으면 중불로 올려 재빨리 조린다.
7. 접시에 버섯 강정을 담고 굵게 다진 호두를 뿌려 마무리한다.

Dinner Table 17

# 궁중 떡볶이

간장 양념으로 맛을 더한 궁중 떡볶이는 자극적이지 않고,
담백해 아이들도 좋아하는 메뉴입니다.

쿠킹타임
25분

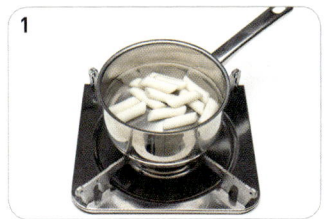

**재료** 떡볶이 떡 15개, 다진 소고기 2큰술(간장 1큰술, 후추로 밑간), 빨강 파프리카 1/4개, 노랑 파프리카 1/4개, 당근 1/6개, 양파 1/2개, 표고버섯 2개
**양념** 간장 1큰술, 참기름 1큰술, 아가베 시럽 1작은술

**과정**

1. 떡은 끓는 물에 말랑하게 익힌다.
2. 파프리카, 당근, 양파, 버섯은 길게 썰어둔다.
3. 소고기는 밑간을 해서 볶아 덜어낸다.
4. 팬에 ②의 재료들을 볶는다.
5. ④의 재료들을 볶다가 익혀둔 떡을 넣고 나머지 양념을 넣어 함께 볶는다. 마지막에 ③의 소고기를 넣고 한번 뒤적인 다음 접시에 담아낸다.

**쿠킹타임 35분**

Dinner Table 18

# 깻잎전과 아삭이 고추전

고기를 양념해 향긋한 깻잎과 매콤한 고추 속에 채워 넣고 전을 부치면
느끼하지 않으면서 고소하고 맛있습니다. 반찬으로도 좋고 술안주로도 훌륭합니다.

재료
: 깻잎 10장, 아삭이 고추 6개, 다진 소고기 150g, 두부 1/2모, 달걀 1개, 다진 마늘 1/2큰술, 다진 청양고추 1/2개, 간장 1큰술, 설탕 1큰술, 참기름 1작은술, 후추 적당량, 부침가루 적당량, 소금 1꼬집, 오일 적당량

과정
: 1. 깻잎은 깨끗이 씻어 물기를 빼 두고, 아삭이 고추도 씻어 반으로 갈라 씨를 제거한다.
2. 두부는 으깨 물기를 짠다.
3. 볼에 다진 소고기, ②의 두부, 다진 마늘, 청양고추, 간장, 설탕, 참기름, 후추를 넣고 치대면서 섞는다.
4. 깻잎에 부침가루를 묻히고 ③의 재료를 반쪽만 올린 다음 반으로 접고 겉에 부침가루를 묻힌다.
5. 고추 안쪽에 부침가루를 묻히고 ③을 채운 다음 윗면에 다시 부침가루를 묻힌다.
6. 소금을 넣고 풀어둔 달걀물을 깻잎과 고추에 입힌다.
7. 팬에 오일을 두르고 중·약불에서 전들을 노릇하게 지진다.

 **Lady's Tip**

- 고추전은 고추 속을 채운 부분부터 지집니다.

Dinner Table 19

# 도토리묵
# 김치무침

탱글탱글한 묵은 저칼로리 음식으로
다이어트할 때 좋은 메뉴입니다.
양념 간장에 김치를 잘게 썰어 넣으면
씹는 맛이 더 좋아진답니다.

**재료**    도토리묵 1팩, 김치 30g, 다진 파 1/2큰술, 간장 2큰술, 고춧가루 1작은술, 조청 1작은술,
참기름 1/2큰술, 깨 적당량

**과정**    1. 묵은 묵칼을 이용해 썰고 김치와 파는 잘게 썬다.

2. 볼에 간장, 고춧가루, 조청, 참기름, 깨를 섞은 다음 김치를 넣고 조물조물 무친다.

3. 접시에 묵을 담은 다음 ②의 양념을 올린다.

## Dinner Table 20
# 두부 조림

**쿠킹타임 25분**

**재료** 육수 10큰술(14page 참고), 두부 1모, 오일 적당량
**양념** 간장 5큰술, 고춧가루 2큰술, 설탕 1/2큰술, 다진 파 2큰술, 다진 마늘 1/2큰술

**과정**
1. 두부는 먹기 좋게 자른 다음 오일을 넉넉히 두른 팬에서 앞뒤로 노릇하게 굽는다.
2. 냄비에 육수 5큰술을 먼저 붓고 두부를 깔아준다.
3. 분량의 양념을 모두 섞어 부어준다.
4. ③의 냄비에 나머지 육수 5큰술을 붓고 중불에서 보글보글 끓인다.
5. ④의 냄비의 불을 약불로 줄이고 숟가락으로 국물을 끼얹어 주면서 국물이 자작하게 될 때까지 조린다.

# 4th. Side Dish Table
## 엄마의 손맛을 담고픈 반찬

가지&들깨무침

가지무침

무나물

건새우 마늘종 볶음

감말랭이 무침

꼴뚜기 꽈리고추볶음

깻잎장아찌

새송이버섯 장조림

소고기 말이

파프리카 콘샐러드

 무생채
 취나물
 쌈배추 겉절이
 아삭이고추 된장무침

 고추장 멸치볶음
 통마늘 마구이
 당근 마전
 단호박전

 감자 베이컨 볶음
 베이컨 채소말이
 베이컨 달걀말이
 파프리카 달걀구이

4th. Side Dish Table

엄마의 손맛을 담고픈
반찬

이래저래 먹을거리로 고민되는 요즘!
제대로 맛을 낸 반찬만 하나 있어도 식사 시간이 즐거워집니다.
엄마 손맛이 생각날 때,
나물도 조물조물 무쳐보고,
다양한 재료들로 맛을 낸 밥 반찬도 만들어 보세요.
김치 뿐이던 식탁 위가 더욱 풍성해질 거예요.

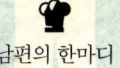

남편의 한마디

"사실 전 편식이 아주 심했습니다. 그런데 지금은 아내 덕분에 예전에 먹지 않던 반찬도 맛있게 잘 먹게 됐어요."

Side Dish Table 01
# 가지&들깨 무침

쿠킹타임 10분

재료 가지 1개
**양념** 들깨 가루 1큰술, 들기름 1/2큰술, 다진 마늘 1/2큰술, 소금 적당량, 깨 적당량

과정
1. 가지는 깨끗이 씻어 길이를 3등분하고, 3등분한 가지를 다시 길쭉하게 자른다.
2. 김이 오른 찜기나 전자레인지를 이용하여 가지를 5분 정도 찐다.
3. ②의 가지가 한김 식으면 물기를 꼭 짠 다음, 분량의 양념을 넣고 조물조물 무친다.

Side Dish Table 02
# 가지 무침

재료   가지 1개
**양념** 간장 1큰술, 참기름 2~3방울, 다진 마늘 1/2작은술, 다진 파 1/2큰술, 설탕 1꼬집

과정
1. 가지는 깨끗이 씻어 길이를 3등분하고, 3등분한 가지를 다시 길쭉하게 자른다.
2. 김이 오른 찜기나 전자레인지를 이용하여 5분 정도 찐다.
3. ②의 가지가 한김 식으면 물기를 꼭 짠 다음, 분량의 양념을 넣고 조물조물 무친다.

Side Dish Table 03
# 무나물

쿠킹타임 10분

재료   무 400g, 들기름 1큰술, 오일 1큰술, 다진 마늘 1/2큰술, 물 1/2컵, 천일염 1작은술, 깨 적당량

과정
1. 무는 채를 썬다.
2. 냄비에 들기름과 오일을 넣고 다진 마늘을 넣어 볶는다.
3. 마늘 향이 나면 채 썬 무를 넣고 볶는다.
4. 무가 어느 정도 익으면 물을 붓고 뚜껑을 덮어 익힌다. 마지막으로 소금으로 간을 하고 깨를 뿌려 마무리한다.

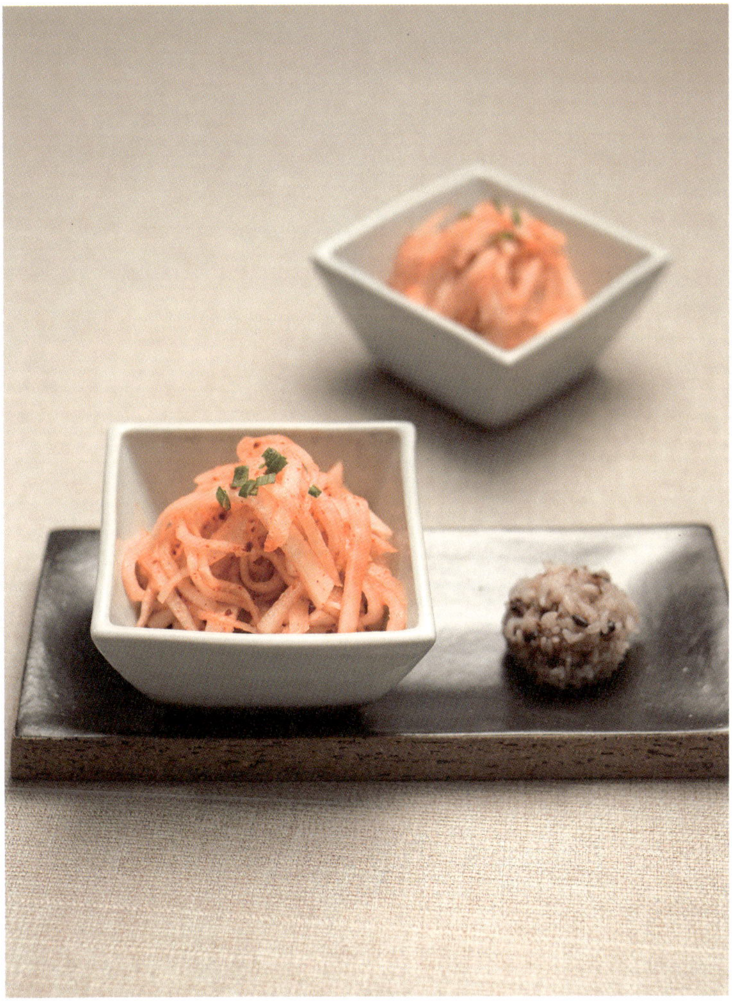

# 무생채

**재료** 무 400g, 고춧가루 1큰술, 식초 1큰술, 매실액 1큰술, 다진 마늘 1작은술, 설탕 1/2큰술
**절임 양념** 설탕 1작은술, 액젓 1작은술, 굵은 소금 1큰술

**과정**
1. 채 썬 무에 절임 양념을 섞고 10분 정도 둔다. 10분 후 물이 생기면 따라 버리고 꼭 짠다.
2. ①의 무에 고춧가루를 넣고 비무려 색을 낸다.
3. ②에 나머지 양념을 넣고 골고루 잘 버무린다.

Side Dish Table 05
취나물

**재료** 말린 취나물 50g, 간장 1큰술, 들기름 1큰술, 다진 마늘 적당량, 다진 파 적당량, 소금 1꼬집, 물 3큰술, 깨 1작은술

**과정**

1. 말린 취나물은 2~3번 헹군 뒤 냄비에 충분히 잠기게 물을 붓는다. 취나물을 끓이다가 끓기 시작하면 약불로 줄여 15분간 더 푹 삶는다.

2. ①의 삶은 물을 따라 버리고 취나물이 푹 잠길 정도로 다시 물을 부운 후 6시간 이상 푹 담가둔다.

3. ②를 꺼내 물기를 꼭 짜고 먹기 좋게 자른다. 나물에 간장, 들기름, 다진 마늘, 다진 파를 넣고 조물조물 무친 다음 양념이 배도록 2~3분간 둔다.

4. 냄비에 ③의 재료들을 넣고 중불에 뒤적이며 볶는다.

5. ④의 냄비에 분량의 물 3큰술과 소금을 넣고 뚜껑을 덮은 다음 약불에서 2~3분간 익힌다.

6. 불을 끄고 10분 이상 뜸을 들인 뒤 깨를 뿌려 마무리한다.

 **Lady's Tip**

- 1번과 2번 과정은 아침부터 불려 저녁 반찬으로 만들거나 자기 전날 해서 다음날 아침 반찬으로 만들면 편하답니다.
- 생취나물은 질긴 줄기를 다듬고 물에 한번 데친 다음 바로 만들면 됩니다.
- 건취나물은 생취나물보다 나물 만드는 법이 번거롭지만 영양 성분은 건취나물이 더 풍부하니 참고하세요.

Side Dish Table 06

# 쌈배추 겉절이

**재료** 쌈배추 100g

**양념** 고춧가루 1큰술, 들기름 1큰술, 매실액 4큰술, 액젓 1큰술, 다진 파 1큰술, 다진 마늘 1/2큰술, 깨 적당량

**과정** 1. 쌈배추는 뜯어 깨끗이 씻고 먹기 좋은 크기로 자른다.
2. 양념을 위의 분량대로 만들어 ①과 잘 버무린다.

 **Lady's Tip**

- 입맛이 없고, 여러 가지 반찬을 하기 귀찮을 때 만들면 유용한 메뉴입니다.
- 봄동이나 알배기배추 등 다양한 채소로도 겉절이를 만들어 즐겨 보세요.

Side Dish Table 07

# 아삭이 고추 된장무침

**재료** 아삭이 고추 15개

**양념** 된장 4큰술, 고추장 1/2큰술, 아가베 시럽 1큰술, 설탕 1/2큰술, 다진 마늘1/2큰술, 참기름 1/2큰술, 깨 적당량

**과정** 1. 아삭이 고추를 깨끗하게 씻어 준비한다.
2. 고추는 먹기 좋은 크기로 자른다.
3. 분량의 양념에 고추를 조물조물 무친다.

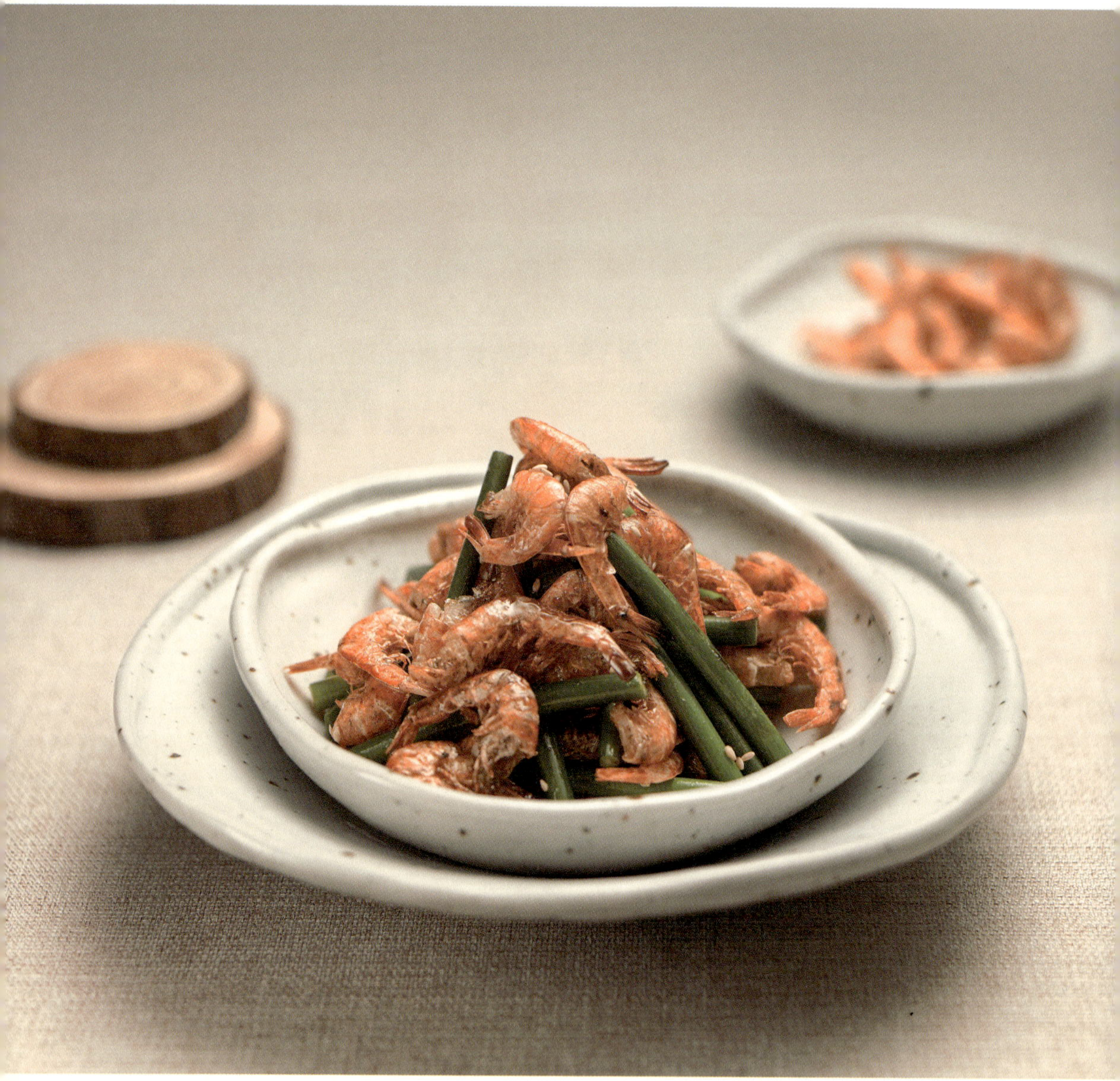

Side Dish Table 08
# 건새우 마늘종 볶음

**재료** 건새우 100g, 마늘종 100g, 참기름 2~3방울, 깨 적당량
**양념** 간장 3큰술, 설탕 1큰술, 조청 1큰술, 오일 1큰술

**과정**
1. 마늘종은 깨끗이 씻어 3~4cm 정도의 길이로 잘라둔다.
2. 기름을 두르지 않은 팬에 건새우를 타지 않게 볶는다.
3. ②의 새우를 체에 걸러 부스러기를 털어낸다.
4. 팬을 깨끗하게 닦고 다시 오일을 두른 다음 중불에서 ③의 새우를 볶다가 덜어내어 식힌다.
5. 새우를 덜어낸 팬에 마늘종을 넣고 윤이 나게 볶다가 덜어내어 식힌다.
6. 팬에 양념을 넣고 바글바글 끓어오르면 약불로 줄이고 볶아 식혀둔 새우와 마늘종을 넣어 재빨리 섞는다.
7. 참기름과 깨를 넣고 뒤적인 다음 불을 끈다.

 **Lady's Tip**

- 건새우 볶음이나 멸치볶음을 할 때, 기름 없는 팬에서 먼저 볶아 체에 한번 걸러 주면 부스러기 없이 깔끔하게 만들어집니다.

Side Dish Table 09

# 감말랭이 무침

재료   단감 1개, 고추장 1큰술, 고춧가루 1작은술, 조청 1/2큰술, 맛간장 1/2작은술, 깨 적당량

과정  1. 단감은 약 3mm정도로 자른 다음 오븐이나 건조기를 이용해 말린다. 이때 바싹 말리지 말고 적당량의 수분이 남도록 말랑하게 말린다.
2. 말린 감과 분량의 양념을 버무린다.

 **Lady's Tip**

- 위의 감은 70도의 오븐에서 1시간 30분을 말렸습니다.
- 오븐에 따라 건조 시간이 달라질 수 있으니 참고하세요.

Side Dish Table 10

# 꼴뚜기 꽈리고추볶음

**재료**  건꼴뚜기 150g, 꽈리고추 100g, 오일 1큰술, 간장 3큰술, 설탕 1큰술, 조청 1큰술, 매실액 1큰술, 다진 마늘 적당량, 참기름 2~3방울, 깨 적당량

**과정**
1. 꽈리고추는 꼭지를 따서 깨끗하게 씻고 양념이 잘 배도록 포크로 한번씩 찔러 구멍을 내둔다.
2. 꼴뚜기는 끓는 물에 살짝 데친다.
3. ②의 꼴뚜기를 찬물에 헹구고 물기를 뺀다.
4. 팬에 오일을 두르고 꼴뚜기를 볶으면서 남아 있는 수분을 없앤다. 수분기가 날아가면 꽈리고추를 넣고 살짝 볶은 다음 덜어서 식힌다.
5. 팬에 간장, 설탕, 조청, 매실액, 다진 마늘을 넣고 끓인다.
6. ⑤의 양념이 바글바글 끓어오르면 꼴뚜기와 꽈리고추를 넣고 국물이 졸아들 때까지 볶는다.
7. 참기름과 깨를 넣어 뒤적인 다음 불을 끈다.

Side Dish Table 11

# 고추장 멸치볶음

**재료** 멸치 90g, 호두 30g
**양념** 오일 1큰술, 고추장 1큰술, 간장 1/2큰술, 아가베 시럽 1큰술

**과정**
1. 호두는 굵게 다지고, 양념은 섞어둔다.
2. 기름기 없는 팬에 멸치만 넣고 노릇노릇 볶는다.
3. 볶은 멸치는 체에 걸러 부스러기를 제거한다.
4. 팬을 깨끗하게 닦고 양념장을 약불에 올린다. 양념이 바글바글 끓어오르면 멸치와 호두를 넣고 재빨리 대충 버무린 다음 불을 끈다.
5. 멸치와 호두에 양념이 골고루 섞이도록 잘 저어준다.

Side Dish Table 12

# 통마늘 마구이

쿠킹타임
25분

재료   통마늘 20알, 마 200g, 올리브오일 6큰술, 발사믹소스 2큰술, 로즈마리 1줄기, 통후추 적당량

과정   
1. 마는 깨끗이 씻어 필러를 이용해 껍질을 벗긴다.
2. 마늘과 비슷한 두께로 마를 깍둑썰기한다.
3. 마늘은 깨끗이 씻어 꼭지를 자른다.
4. 팬에 기름기 없이 마를 노릇하게 굽는다.
5. 팬에 기름기 없이 마늘을 노릇하게 굽는다.
6. 겉이 노릇해진 마와 마늘을 팬에 넣고 오일과 로즈마리를 넣어 향을 낸다.
7. 마와 마늘을 속까지 골고루 익힌다.
8. ⑦을 접시에 담고 통후추를 갈아 뿌리고 발사믹소스로 마무리한다.

**Lady's Tip**

• 마는 맨손으로 만지면 가려우니 위생 장갑을 끼고 손질하세요.

Side Dish Table 13

# 당근 마전

쿠킹타임 20분

재료  당근 1/2개, 마 150g, 부침가루 /0g, 산물 100㎖, 오일 충분히

과정  1. 당근과 마는 깨끗이 씻어 껍질을 벗기고 채를 썬다.
     2. 부침가루에 물을 붓고 잘 풀어둔다.
     3. ②의 부침가루에 마와 당근을 넣고 잘 버무린다.
     4. 팬에 오일을 충분히 넣고 마와 당근을 한입 크기로 집어 노릇하게 부친다.

Side Dish Table 14

# 단호박전

재료   단호박 200g, 부침가루 1컵, 찹쌀가루 3큰술, 물 80ml

과정   1. 단호박은 껍질을 벗기고 작게 썬다.
2. ①의 단호박에 나머지 재료를 넣고 믹서나 도깨비방망이를 이용해 갈아준다.
3. ②의 반죽을 잘 섞는다.
4. 달군 팬에 오일을 두르고 ③의 반죽을 한 숟가락씩 떠서 노릇하게 부친다.

 **Lady's Tip**

• 간장 드레싱을 곁들이면 더 맛있게 즐길 수 있어요.

Side Dish Table 15

# 깻잎장아찌

**재료** 깻잎 20장
**양념** 간장 2큰술, 매실 액기스 1큰술, 액젓 1/2큰술, 고춧가루 1/2큰술, 다진 파 2큰술, 깨 1큰술, 다진 마늘 적당량

**과정** 
1. 깻잎은 깨끗이 씻고 체에 밭쳐 물기를 뺀다.
2. 양념 재료들을 분량대로 섞어 양념장을 만든다.
3. 깻잎 2장과 양념을 번갈아 켜켜이 쌓는다.
4. 찜기에 ③의 깻잎들을 담고 뚜껑을 덮은 다음 중불에서 5분 정도 찐다.

Side Dish Table 16

# 새송이버섯 장조림

**재료** 새송이버섯 5개, 꽈리고추 1줌, 마른 고추 2개, 간장 1/2컵, 설탕 3큰술, 맛술 3큰술, 육수 3컵(14page 참고)

**과정**
1. 버섯은 세로로 길게 자르고, 꽈리고추는 양념이 잘 배도록 포크로 찔러둔다.
2. 냄비에 육수와 마른 고추를 넣고 끓인다.
3. ②의 냄비에 간장, 설탕, 맛술을 넣어 끓이다가 버섯, 꽈리고추를 넣고 중불에서 조린다.
4. 버섯에 색이 배면 약불로 줄이고 국물이 어느 정도 졸아들면 불을 끈다.

Side Dish Table 17

# 소고기 말이

**재료** 소고기(불고기용) 200g, 팽이버섯 1봉지, 쪽파 1줌, 오일 적당량
**양념** 간장 1큰술, 설탕 1/2큰술, 매실액 1큰술, 다진 마늘 1작은술, 참기름 1/2큰술, 통후추 적당량

**과정**
1. 팽이버섯은 흐르는 물에 씻고 밑동을 잘라준다.
2. 쪽파도 깨끗하게 다듬고 팽이버섯 길이와 비슷하게 잘라준다.
3. 소고기를 펴고 버섯과 쪽파를 적당히 올린 다음 돌돌 말아준다. 소고기 말이에 양념을 섞어 붓고 10분 정도 재어둔다.
4. 팬에 오일을 두르고 소고기 말이의 끝부분을 밑으로 가게 해서 굽는다.
5. 말이의 끝부분이 붙으면 살살 굴려가며 약불에서 골고루 익힌다.

Side Dish Table 18

# 감자 베이컨 볶음

재료　감자 2개, 베이컨 4장, 다진 파 1큰술, 다진 마늘 1작은술, 오일 1/2큰술, 깨 적당량, 통후추 적당량

과정　1. 감자는 깨끗하게 씻어 껍질을 벗긴 다음 채 썰어 찬물에 담가 전분기를 제거한다.

2. 베이컨은 5~6mm 정도로 잘게 썬다.

3. 달군 팬에 오일을 두르고 베이컨을 먼저 볶는다.

4. ③의 팬에 감자를 넣어 볶다가 다진 마늘과 다진 파를 넣고 볶는다. 마지막으로 통후추를 갈아 뿌리고 깨를 뿌려 마무리한다.

Side Dish Table 19

# 베이컨 채소말이

쿠킹타임
20분

재료  베이컨 6~8장, 빨강 파프리카 1/2개, 노랑 파프리카 1/2개, 통후추 적당량

과정  1. 파프리카는 모두 세로로 길게 채를 썬다.
2. 베이컨에 두 종류의 파프리카를 적당히 올려 돌돌 말고 통후추를 갈아 뿌린다.
3. 팬에 말이의 끝부분이 밑으로 가게 굽는다.
4. 말이의 끝부분이 붙으면 살살 굴려가며 약불에서 골고루 익힌다.

Side Dish Table 20

# 베이컨 달걀말이

**재료**  달걀 4개, 육수 2큰술(14page 참고), 베이컨 4장, 쪽파 2줄기, 오일 적당량

**과정**
1. 달걀을 풀고 육수를 넣은 뒤 잘게 자른 쪽파를 넣고 잘 섞는다.
2. 팬에 오일을 두르고 키친타월로 닦아내며 코팅을 한다.
3. 팬에 ①을 1/3정도 붓고 돌돌 만 다음 팬의 한쪽으로 밀어둔다.
4. ③의 팬에 다시 달걀물을 1/3만 붓고 ③과 겹치게 말아주고 한쪽으로 민다.
5. 나머지 달걀 물을 붓고 ④와 완벽하게 말아준다.
6. 베이컨에 ⑤의 달걀말이를 올리고 돌돌 만 다음 팬에 올려 앞, 뒤, 옆 모두 노릇하게 굽는다.

Side Dish Table 21

# 파프리카 달걀구이

쿠킹타임 40분

**재료** 파프리카 2개, 달걀 2개, 다진 쪽파 1큰술, 모차렐라 치즈 적당량, 소금 1꼬집, 통후추 적당량

**과정**
1. 파프리카는 깨끗이 씻고 윗부분을 잘라 속을 파낸다.
2. 파프리카가 잘 세워지도록 밑부분을 살짝 잘라 평평하게 한다.
3. 달걀을 풀고 다진 쪽파를 섞은 뒤 소금과 후추를 뿌린다.
4. 파프리카에 각각 ③을 나눠 담는다.
5. 파프리카의 윗 부분에 모차렐라 치즈를 올린다.
6. ⑤를 180도로 미리 예열한 오븐에 넣고 30~35분간 굽는다.

Side Dish Table 22

# 파프리카 콘샐러드

루킹타임 5분

**재료**  파프리카 1/2개, 캔 옥수수 5큰술, 올리브 3개, 올리브오일 2큰술, 레몬즙 1큰술, 통후추 적당량, 파슬리 적당량

**과정**
1. 캔 옥수수는 체에 밭쳐 물기를 뺀다.
2. 파프리카는 깨끗하게 씻어 옥수수와 비슷한 크기로 자른다.
3. 올리브도 먹기 좋게 썬다
4. 볼에 파프리카, 옥수수, 올리브를 넣고 올리브오일과 레몬즙을 넣어 버무린다. 후추를 갈아 뿌리고 파슬리로 마무리한다.

# 5th. Home-made Baking Table
## 소박함이 묻어나는 홈베이킹

유자 스콘

당근 스콘

단호박 스콘

곶감 머핀

단팥 머핀

블루베리 머핀

키세스 초콜릿 쿠키

티라미수 크림 디저트

약식

 생크림 피칸 스콘
 블루베리 스콘
 초코바나나 머핀
 얼그레이 머핀

 빅토리아 스펀지케이크
 선식 시폰 케이크
 고구마 케이크
 초콜릿 무스

 쑥갠떡
 곶감 인절미
 단호박 찰떡파이

5th. Home-made Baking Table

## 소박함이 묻어나는 홈베이킹

누구나 집에서 쉽게 만들 수 있는 홈베이킹 메뉴들을 소개합니다.
소박해서 더 맛있게 느껴지는 홈베이킹 메뉴들로 골라 봤어요.
잘 만들지 않아도 괜찮아요.
투박스러운 멋이 홈베이킹의 진정한 매력이랍니다.
차와 함께 즐길 수 있는 스콘, 머핀과 같은 티 푸드와 케이크, 쿠키,
간단한 떡 만들기에 도전해 보세요.
이젠 집에서도 카페 부럽지 않은 디저트 메뉴들을 즐길 수 있어요.

**남편의 한마디**

"요즘은 사 먹는 간식들이 부럽지 않아요. 아내가 직접 만들어 준
다양한 디저트 메뉴와 곁들이는 커피나 차 한 잔이 저에겐 큰 활력소입니다."

Home-made Baking Table 01

# 유자 스콘

유자차를 타 먹는 유자청을 이용해 스콘을 만들어 보아요.
향긋함이 너무 매력적이랍니다.

쿠킹타임
20분

반죽 굳히는 30분 제외

재료  6개 분량
유자청 80g, 박력분 200g, 베이킹파우더 1큰술, 설탕 20g, 차가운 버터 60g, 우유 30g

과정
1. 버터는 차가운 상태로 준비하고 유자청은 잘게 자른다.
2. 볼에 박력분, 베이킹파우더, 설탕을 넣고 포크로 휘휘 저으며 섞는다.
3. ②에 차가운 버터를 넣고 버터가 콩알만한 크기가 될 때까지 잘게 자른다.
4. 우유를 넣고 포크로 휘휘 저어 대충 뭉친다.
5. ④에 잘게 자른 유자청을 넣고 포크로 대충 뭉친다.
6. 위생팩에 반죽을 넣고 한 덩어리로 모양을 잡아준 다음 냉동실에 넣어 30분 정도 굳힌다.
7. 반죽을 스콘 모양으로 자른 다음 180도로 미리 예열한 오븐에 넣고 15분간 굽는다.

 **Lady's Tip**
- 스콘은 간단하게 만들 수 있는 메뉴로 집에서 만들기 좋아요.
- 별다른 베이킹 도구 없이 포크로도 스콘 반죽을 만들 수 있답니다.
- 투박한 매력이 있는 스콘은 치대지 말고 대충 뭉쳐 만들어야 잘 구워집니다.
- 스콘에 들어가는 버터는 반드시 차가운 상태로 준비합니다.

Home-made Baking Table 02

# 당근 스콘

당근을 누구나 맛있게 먹을 수 있는 방법입니다.
당근으로 베이킹을 하면 당근인지 모를 정도로 맛있습니다.

쿠킹타임 20분
반죽 굳히는 30분 제외

재료   6개 분량

당근 100g, 박력분 140g, 베이킹파우더 1작은술, 설탕 40g, 차가운 버터 45g, 우유 20g

과정
1. 당근은 깨끗하게 씻은 다음 강판에 간다.
2. 볼에 박력분, 베이킹파우더, 설탕을 넣고 포크로 휘휘 저으며 섞는다.
3. ②의 볼에 차가운 버터를 넣고 버터가 콩알만한 크기가 될 때까지 잘게 자른다.
4. 우유를 넣고 포크로 휘휘 저어 대충 뭉친다.
5. ④에 반죽에 갈아 둔 당근을 넣고 포크로 대충 섞는다.
6. 위생팩에 반죽을 넣고 한 덩어리로 모양을 잡아준 다음 냉동실에 넣어 30분 정도 굳힌다.
7. 스콘 모양으로 자른 다음 180도로 미리 예열한 오븐에서 15분간 굽는다.

 **Lady's Tip**

- 당근은 믹서를 이용해 갈면 너무 곤죽이 됩니다. 강판으로 갈아 주세요.

쿠킹타임 25분
반죽 굳히는 30분 제외

Home-made Baking Table 03

# 단호박 스콘

단호박이 들어간 베이킹은 색이 예뻐 저절로 눈길이 간답니다.

**재료**  6개 분량

단호박 120g, 푸룬 50g, 박력분 200g, 베이킹파우더 1큰술, 설탕 40g, 차가운 버터 70g

**과정**
1. 단호박은 깍둑썰고 전자레인지에 3~4분 정도 살짝 익힌다.
2. 푸룬도 먹기 좋게 3~4등분한다.
3. 볼에 박력분, 베이킹파우더, 설탕을 넣고 포크로 휘휘 저으며 섞는다.
4. ③에 차가운 버터를 넣고 버터가 콩알만한 크기가 될 때까지 잘게 자른다.
5. ④의 볼에 단호박과 푸룬을 넣고 포크로 대충 뭉친다.
6. 위생팩에 반죽을 넣고 한 덩어리로 모양을 잡아준 다음 냉동실에 넣어 30분 굳힌다.
7. ⑥을 스콘 모양으로 자른 다음 180도로 미리 예열한 오븐에 넣고 15분간 굽는다.

# 생크림 피칸 스콘

생크림이 들어가 더 고소하고 담백한 맛이 납니다.
피칸은 자르지 않고 그대로 넣어야 지저분해지지 않습니다.

**재료**  6개 분량

생크림 65g, 피칸 50g, 박력분 200g, 베이킹파우더 1큰술, 설탕 30g, 차가운 버터 60g

**과정**
1. 볼에 박력분, 베이킹파우더, 설탕을 넣고 포크로 휘휘 저으며 섞는다.
2. ①에 차가운 버터를 넣고 버터가 콩알만한 크기가 될 때까지 잘게 자른다.
3. ②의 볼에 생크림을 넣고 포크로 휘휘 저어 대충 뭉친다.
4. ③에 피칸을 넣고 대충 섞는다.
5. ④의 반죽을 한 덩어리로 만든 다음 위생팩에 넣어 냉동실에 30분 정도 둔다.
6. ⑤의 반죽을 스콘 모양으로 자른 다음 180도로 미리 예열한 오븐에 넣고 15분 간 굽는다.

Home-made Baking Table 05

# 블루베리 스콘

새콤달콤한 블루베리가 톡톡 터지는 맛있는 스콘입니다.
살짝 진 반죽으로 만들어 촉촉한 스콘의 식감을 느낄 수 있습니다.

**재료**  6개 분량
냉동 블루베리 90g, 박력분 140g, 베이킹파우더 1작은술, 설탕 3큰술, 차가운 버터 45g, 우유 50g

**과정**
1. 볼에 박력분, 베이킹파우더, 설탕을 넣고 포크로 휘휘 저으며 섞는다.
2. ①의 볼에 차가운 버터를 넣고 버터가 콩알만한 크기가 될 때까지 잘게 자른다.
3. ②에 우유를 넣고 포크로 휘휘 저어 대충 뭉친다.
4. ③에 블루베리를 넣고 반죽을 한 덩어리로 만든 다음 위생팩에 넣어 냉동실에 1시간 정도 둔다.
5. ④를 스콘 모양으로 자르고 180도로 미리 예열한 오븐에 넣고 15분간 굽는다.

**쿠킹타임 30분**

냉장고에 두는 시간 제외

Home-made Baking Table 06

# 초코 바나나 머핀

진한 브라우니처럼 느껴지는 초코 머핀 위에
살포시 자리잡은 바나나가 부드러움을 더했습니다.

재료  6개 분량

바나나 1~3개, 코코아파우더 15g, 박력분 150g, 베이킹파우더 1작은술, 실온 버터 100g, 설탕 90g, 달걀 1개, 우유 30g

과정
1. 바나나는 머핀 수만큼 슬라이스하고 나머지는 포크로 으깬다.
2. 볼에 실온 버터를 풀어준다.
3. ②의 볼에 설탕을 두 번에 나누어 넣고 섞는다.
4. ③에 달걀을 넣고 잘 섞는다.
5. ④에 코코아파우더, 박력분, 베이킹파우더를 체에 쳐 넣고 반죽에 가볍게 섞는다.
6. ⑤에 우유를 넣어 매끈한 반죽을 만들고 으깬 바나나를 넣어 가볍게 섞는다.
7. 깍지 없는 짤주머니에 반죽을 넣어 틀에 일정한 크기로 짜고 슬라이스한 바나나를 올린다. 180도로 미리 예열한 오븐에 넣고 15분간 굽는다.

 **Lady's Tip**

• 머핀틀의 70~80%만 채워야 반죽이 넘치지 않습니다.

쿠킹타임 30분
냉장고에 두는 시간 제외

Home-made Baking Table 07

# 얼그레이 머핀

향긋한 얼그레이 차의 맛을 머핀으로도 즐겨 보세요. 티타임이 더욱 즐거워집니다.

**재료**  6개 분량
얼그레이 티백 1개, 박력분 150g, 베이킹파우더 1작은술, 실온 버터 100g, 설탕 100g, 달걀 1개, 우유 70g

**과정**
1. 버터를 풀고 설탕은 두 번에 나누어 넣으면서 섞는다. 얼그레이 티백은 뜯어 준비한다.
2. 설탕이 다 녹으면 달걀을 넣고 잘 섞는다.
3. 얼그레이, 박력분, 베이킹파우더를 체에 쳐 가볍게 섞는다.
4. ③에 우유를 넣고 섞으면서 매끈한 반죽을 만든다.
5. 까지 없는 짤주머니에 반죽을 넣어 틀에 일정하게 짜고 180도로 미리 예열한 오븐에서 15분간 굽는다.

Home-made Baking Table 08

# 곶감 머핀

말랑말랑한 곶감을 머핀으로 만들어 보세요. 수정과와 같은 맛이 나는 머핀이 된답니다.

**재료**  6개 분량

곶감 100g, 박력분 160g, 베이킹파우더 1작은술, 시나몬 파우더 5g, 실온 버터 100g, 설탕 90g, 달걀 1개, 우유 30g

**과정**
1. 곶감은 잘게 잘라 준비한다.
2. 버터를 풀고 설탕은 두 번에 나누어 넣고 섞는다.
3. 설탕이 다 녹으면 달걀을 넣고 잘 섞는다.
4. 박력분, 베이킹파우더, 시나몬 파우더를 체에 쳐 넣고 가볍게 섞는다.
5. ④에 우유를 넣고 섞으면서 매끈한 반죽을 만들고 곶감을 넣어 섞는다.
6. 깍지 없는 짤주머니에 반죽을 넣어 틀에 일정하게 짜고 180도로 미리 예열한 오븐에 넣고 15분간 굽는다.

쿠킹타임
1시간 40분

Home-made Baking Table 09
# 단팥 머핀

팥소를 직접 만들어 보는 것이 포인트입니다.
팥소 만드는 시간은 다소 걸리지만 한번 만들어 두면 빙수나 떡, 간식 등 다양하게 활용할 수 있답니다.

재료   6개 분량

**팥소** 팥 400g, 물 1 + 1/2 l, 설탕 200g, 소금 적당량, 아가베 시럽 2큰술
**반죽** 박력분 100g, 베이킹파우더 1작은술, 달걀 1개, 설탕 50g, 우유 100ml

과정
1. 팥소 만들기 _ 팥에 물을 충분히 넣고 끓어오르면 체에 걸러 물을 버린다.
2. 다시 냄비에 물 1 + 1/2 l를 붓고 중불에 1시간 정도 끓인다. 냄비의 물이 줄어들면 물을 보충하며 끓인다.
3. 팥을 꺼내 맛을 보고 푹 익었으면 설탕과 소금을 넣는다.
4. 팥이 걸쭉해지면 아가베 시럽을 넣고 뒤적인 다음 불을 끈다.
5. 이제 반죽 만들기 _ 달걀을 풀고 설탕을 넣어 섞는다.
6. 볼에 설탕이 다 녹으면 우유를 넣고 섞는다.
7. ⑥에 박력분과 베이킹파우더를 체에 쳐 넣는다.
8. ⑦에 팥소를 적당히 넣어 섞어준다.
9. 키친타월에 오일을 적시고 머핀틀에 닦아주듯 묻힌다.
10. 틀에 반죽을 붓고 나머지 팥소를 적당히 올린 다음 180도로 미리 예열한 오븐에서 15분간 굽는다.

Home-made Baking Table 10

# 블루베리 머핀

보랏빛 블루베리로 촉촉하게 물든 머핀은 보기만 해도 먹음직해요.

**재료** 6개 분량

냉동 블루베리 120g, 박력분 200g, 베이킹파우더 1작은술, 실온 버터 90g, 설탕 90g, 소금 1g, 달걀 2개, 우유 50g

**과정**
1. 볼에 버터를 가볍게 풀어준 다음 설탕, 소금을 넣고 녹을 때까지 잘 섞는다.
2. ①에 달걀을 하나씩 넣어가며 잘 섞는다.
3. ②의 볼에 박력분과 베이킹파우더를 체에 쳐 넣고 가볍게 섞는다.
4. 반죽에 날가루가 조금 보일 때 우유를 넣어 섞는다. 반죽이 잘 섞이면 블루베리를 넣고 가볍게 섞는다.
5. 깍지 없는 짤주머니에 반죽을 넣어 틀에 일정하게 짜고 180도로 미리 예열한 오븐에 넣고 15분간 굽는다.

Home-made Baking Table 11

# 빅토리아 스펀지케이크

이 케이크는 영국의 빅토리아 여왕이 애프터눈 티타임때 즐겨먹었다 하여 이름이 빅토리아 스펀지케이크가 되었답니다. 시판용 카스텔라를 이용해 간편하게 만들어 보세요.

**재료** 카스텔라(시판용 케이크) 1개, 생크림 100g, 설탕 50g, 딸기 잼 적당량, 슈가파우더 적당량

**과정**
1. 카스텔라의 가운데를 잘라 2등분한다.
2. 생크림에 설탕을 넣고 휘핑을 해서 생크림을 만든다.
3. 카스텔라의 한 면에는 생크림을, 다른 한 면에는 딸기 잼을 발라 겹치고 슈가파우더를 뿌려 마무리한다.

**Lady's Tip**

- 생크림과 딸기 잼을 듬뿍 발라야 맛있습니다.

**Home-made Baking Table 12**

# 선식 시폰 케이크

폭신폭신한 시폰 케이크에 고소한 선식 가루를 넣어 만들었어요.
가벼운 식감이 부담스럽지 않아 자꾸만 먹게 되는 케이크에요.

쿠킹타임 1시간 30분

**재료** 선식 가루 10g, 박력분 95g, 설탕ⓐ 65g, 베이킹파우더 2g, 소금 1g, 바닐라향 1/2g, 달걀 노른자 50g, 포도씨유 40g, 물 30g, 달걀 흰자100g, 설탕ⓑ 65g

**과정**
1. 볼에 노른자를 잘 풀어준 다음, 포도씨유을 넣고 잘 섞는다.
2. ①의 볼에 물을 넣고 잘 저으면서 섞는다.
3. ②에 선식 가루, 박력분, 설탕ⓐ, 베이킹파우더를 체에 쳐 넣고 잘 섞은 다음 소금을 넣고 잘 섞은 뒤 바닐라향을 넣어 섞는다.
4. 다른 볼에 흰자를 넣고 핸드 믹서로 풀어준 다음 설탕ⓑ를 넣고 단단하게 머랭을 올린다.
5. 분무기로 시폰 케이크 틀에 물을 골고루 뿌린 다음 틀을 거꾸로 엎어 물기가 떨어지게 한다.
6. 노른자 반죽에 ④의 흰자 머랭을 3번에 나눠 넣으면서 주걱으로 가볍게 섞는다.
7. ⑥을 ⑤의 시폰틀에 부어주고 틀을 한번 탁 내리쳐 기포를 제거해 준 다음 175도로 미리 예열한 오븐에 25분간 굽는다.
8. 다 구워진 시폰틀을 꺼내 컵 위에 엎어 식힌다.

Home-made Baking Table 13

# 고구마 케이크

부드러운 고구마 무스가 발라져 은근한 달콤함을 주는 케이크입니다.
시판용 카스텔라를 이용해 간편하게 만들어 보세요.

쿠킹타임 **45분**

**재료** 고구마(작은 크기) 2개, 카스텔라(시판용 케이크) 1개, 생크림 100g, 설탕 1큰술, 조청 1작은술
**커스터드 크림** 달걀 노른자 1개, 설탕 25g, 박력분 1큰술, 우유 50ml, 버터 5g
**시럽** 물 30ml, 설탕 1큰술, 럼 1작은술

**과정**

1. 커스터드 크림 만들기 _ 달걀 노른자, 설탕, 박력분을 섞어둔다. 냄비에 우유, 버터를 넣고 끓이다가 섞어둔 달걀 노른자물을 넣고 거품기로 빠르게 섞는다.

2. ①을 약불에서 걸쭉해질 때까지 저어 커스터드 크림을 만든 다음 식혀둔다.

3. ②의 볼에 생크림, 설탕을 넣고 휘핑 크림을 만든다.

4. 고구마는 삶아 으깨고 조청을 넣어 섞은 뒤 ③의 커스터드 크림과 생크림을 반만 넣고 고구마 무스를 만든다.

5. 위의 시럽 재료를 잘 섞어 설탕 시럽을 만든다. 카스텔라는 케이크용을 따로 잘라 준비한다. 나머지 자투리는 둘로 나누어 하나는 체에 내려 고운 가루로 만들고 다른 하나는 장식용으로 깍둑썰기한다.

6. 케이크용 카스텔라 한 면에 시럽을 발라 촉촉하게 하고 고구마 무스를 두껍게 바른다.

7. 나머지 카스텔라로 ⑥을 덮고 다시 고구마 무스를 바른 다음 윗면에 남은 생크림을 전체저으로 떠 바른다.

8. ⑤의 깍둑썰기 한 카스텔라로 케이크를 장식하고 체에 쳐둔 카스텔라 가루로 마무리한다.

Home-made Baking Table 14

# 초콜릿 무스

입안에서 살살 녹는 부드러움이 일품인 초콜릿 무스. 피곤할 때 하나씩 먹으면 기분까지 좋아지는 디저트입니다.

**재료** 다크 초콜릿 120g, 달걀 노른자 3개, 달걀 흰자 5개, 설탕 1큰술

**과정**
1. 냄비에 물을 끓이고 그 위에 볼을 얹어 초콜릿을 중탕한다.
2. ①의 초콜릿이 완전히 녹으면 불을 끄고 설탕을 넣는다.
3. 설탕이 녹으면 ②의 초콜릿에 노른자를 하나씩 넣어 잘 섞는다.
4. 달걀 흰자는 거품을 내서 머랭을 만든다.
5. ④의 머랭을 ③에 천천히 넣으면서 가볍게 잘 섞는다.
6. 초콜릿과 머랭을 잘 섞은 다음, 예쁜 그릇에 담아 랩을 씌우거나 뚜껑을 덮은 다음 냉장고에 하루 정도 두었다가 먹는다.

 **Lady's Tip**

- 코코아 함량이 높은 다크 초콜릿을 사용할수록 맛이 더 고급스러워집니다.

Home-made Baking Table 15

# 키세스 초콜릿 쿠키

앙증 맞은 키세스 초콜릿을 이용한 쿠키입니다. 귀엽고 사랑스러워 선물용으로도 좋습니다.

**재료**  키세스 초콜릿 1봉지, 박력분 180g, 베이킹파우더 2g, 설탕 60g 실온 버터 75g, 피넛 버터(실온) 75g, 달걀 1개

**과정**
1. 실온에 놓아둔 버터와 피넛 버터를 풀어준 다음 설탕을 넣고 휘핑해 크림처럼 만든다.
2. ①에 달걀을 넣고 잘 섞는다.
3. ②에 체 친 박력분, 베이킹파우더를 넣고 주걱으로 살살 섞는다.
4. 반죽을 균일한 크기로 떼어 둥글리고 손바닥으로 살짝 납작하게 눌러 팬에 담는다.
5. 180도로 미리 예열한 오븐에서 15분간 굽는다.
6. 오븐에서 쿠키를 꺼내 뜨거울 때 키세스 초콜릿을 가운데 얹고 식힌다.

 **Lady's Tip**
- 쿠키가 뜨거울 때 초콜릿을 얹어야 초콜릿이 뜨거운 열기에 녹으면서 쿠키와 접착이 됩니다.

Home-made Baking Table 16

# 티라미수 크림 디저트

카스텔라와 커피 시럽, 크림 치즈를 층층이 쌓은 티라미수 케이크에서 카스텔라만 빼고 가볍게 즐기는 크림 타입의 디저트입니다.

**재료** 크림 치즈 150g, 설탕 40g, 플레인 요구르트 30g, 레몬즙 1/2큰술, 생크림 90g, 럼 1작은술, 코코아파우더 적당량

**과정**
1. 크림 치즈는 실온에 두어 부드럽게 하고 풀어준다.
2. ①의 볼에 설탕을 넣고 설탕이 녹을 때까지 잘 섞는다.
3. 플레인 요구르트에 레몬즙, 럼을 넣어 섞은 다음, ②의 볼에 넣고 잘 섞는다.
4. 생크림이 뾰족해질 때까지 휘핑한다.
5. ③에 ④의 생크림을 넣고 가볍게 섞는다.
6. 먹기 좋은 용기에 만들어진 크림을 담고 코코아파우더를 살짝 뿌려 마무리한다.

쿠킹타임
45분

찹쌀 불리는 시간 제외

Home-made Baking Table 17

# 약식

달콤짭조름하면서 참기름의 고소한 향이 좋은 약식은 오븐에 구워도 되지만 밥통의 취사 버튼만 눌러도 만들 수 있어 도전해 볼만한 떡이랍니다.

**재료** 찹쌀 2컵, 밤 8개, 호두 1/2줌, 푸룬 50g, 물 1 + 1/2컵, 간장 5큰술, 설탕 1/2컵, 참기름 2큰술, 시나몬 파우더 적당량

**과정**
1. 찹쌀은 깨끗하게 씻어 1시간 정도 불린다.
2. 밤, 호두, 푸룬은 먹기 좋게 자른다.
3. 물에 간장, 설탕, 참기름, 시나몬 파우더를 잘 섞어둔다.
4. ③에 찹쌀, 밤, 호두, 푸룬을 넣어 잘 섞은 다음 밥통에 넣고 취사버튼을 눌러 밥을 짓는다.
5. 취사가 완료되면 뜸을 충분히 들인 다음 뜨거울 때 원하는 틀에 담아 모양을 만든다.

쿠킹타임 35분

Home-made Baking Table 18

# 쑥갠떡

소박한 간식 쑥갠떡은 쑥향이 어우러져 은근한 맛과 향에 계속 끌리게 됩니다.

**재료** 데친 쑥 50g, 쌀가루 150g, 설탕 5큰술, 소금 1꼬집, 뜨거운 물 5~7큰술
**참기름물** 물 1큰술, 참기름 1/2큰술, 소금 1/2꼬집

**과정**

1. 참기름물은 미리 섞어둔다. 쑥은 데쳐 찬물에 헹군 뒤 물기를 꼭 짜고 커터에 넣어 갈아준다.
2. 쌀가루, 설탕, 소금을 포크로 잘 저어준 다음 쑥을 넣는다.
3. ②에 뜨거운 물을 1큰술씩 넣어가며 익반죽을 한다.
4. 물을 한꺼번에 넣으면 반죽이 질어질 수 있으므로 1큰술씩 넣어가며 한 덩어리로 만든다.
5. 반죽을 비슷한 크기로 나눠 동글동글 빚고 반죽이 마르지 않게 젖은 면보로 덮어준다.
6. 반죽을 하나씩 납작하게 매만지고 모양을 내고 싶다면 틀로 찍어준다.
7. 찜기에 물을 올리고 김이 오르면 떡 뒷면에 참기름물을 바른 다음 찜기에 넣고 20분 정도 찐다.
8. 쪄낸 떡은 마르지 않게 참기름물을 발라 접시에 담는다.

 **Lady's Tip**

- 커터가 없다면 데친 쑥을 잘게 다져 주세요. 식감은 거칠 수 있으니 참고하세요.
- 들어가는 쑥의 양에 따라 떡의 색이 연해질 수도, 혹은 진해질 수도 있습니다.

Home-made Baking Table 19

# 곶감 인절미

쿵쿵 떡메 치는 소리를 들으면 찰진 인절미 생각이 나지요.
집에서도 간단히 떡을 치대어 인절미를 만들 수 있어요.
떡메 대신 끝이 뭉툭한 양념병에 랩을 감싸 이용하면 됩니다.

**재료** 곶감 3개, 호두 20g, 찹쌀가루 150g, 설탕 1큰술, 소금 1/2꼬집, 물 적당량, 콩가루 30g

**과정**
1. 곶감과 호두는 먹기 좋게 자른다.
2. 찹쌀가루, 설탕, 소금은 손으로 잘 비벼준 다음 체에 한번 내린다.
3. ②에 물을 1큰술씩 넣어가며 수분을 맞춘다.
4. 반죽을 손으로 쥐어보아 뭉쳐지면 체에 한번 더 내린다.
5. 찜기에 떡 시트를 깔고 물을 끓여 김이 오르면 설탕을 살짝 뿌려준 다음 반죽과 곶감, 호두를 넣는다.
6. 반죽을 15분간 찌고 5분간 뜸을 들인다.
7. 떡 반죽을 꺼내어 볼에 담고 랩으로 감싼 양념병을 이용해 치댄다.
8. ⑦의 반죽을 먹기 좋게 잘라 콩가루에 버무린다.

쿠킹타임 45분

Home-made Baking Table 20

# 단호박 찰떡파이

모양은 파이지만 맛은 떡인 영양 만점 단호박 찰떡파이입니다. 찌는 떡이 아닌 오븐에 굽는 떡이에요.

재료  단호박 300g, 푸룬 60g, 호두 30g, 찹쌀가루 250g, 설탕 60g, 베이킹파우더 2g, 우유 300ml, 오일 적당량

과정  
1. 단호박과 푸룬은 먹기 좋게 자르고 호두는 굵게 다진다.
2. 찹쌀가루, 설탕, 베이킹파우더, 우유를 잘 섞는다.
3. ②에 ①의 재료들을 넣고 잘 섞는다.
4. 팬에 오일을 발라 코팅해 주고 반죽을 붓고 탁 내리쳐 공기를 뺀다.
5. ④를 190도로 미리 예열한 오븐에 넣고 40분간 굽는다.

 **Lady's Tip**

- 이 메뉴는 시판용 찹쌀가루를 이용하길 권장합니다. 방앗간에서 빻은 가루는 수분함량이 달라 반죽의 농도를 맞추기 어렵습니다.
- 호두, 잣, 건포도, 건블루베리, 건크랜베리 등 다양한 견과류와 건과일을 재료로 써도 좋습니다.

# 6th. Special Table
## 가족은 물론 손님까지 반하게 만드는 상차림

바비큐립

웨지 감자

스테이크

차돌박이 채소찜

고구마 그라탱

달걀빵

갈릭 치킨

닭꼬치

떡꼬치

연어 감자구이

곤드레 밥

굴 영양밥

연근 죽순 영양밥

호박잼

매실 에이드

유자 에이드

아이스 진저티

골뱅이 무침

유부초밥+김치볶음
+꼬치 과일

감자샐러드 샌드위치
+핫윙

*6th. Special Table*

가족은 물론 손님까지 반하게
만드는 상차림

주방에 있는 오븐과 뚝배기를 잘 활용해 보세요.
패밀리 레스토랑 메뉴도, 구수한 영양밥도 만들 수 있답니다.
여기에 출출할 때 생각나는 야식이나 술안주,
후다닥 만드는 도시락과 건강 음료까지…
생각보다 어렵지 않은 색다른 메뉴들을 척척 만들 수 있어 신이 납니다.

남편의 한마디

"집에서도 마치 외식을 하는 것 같은 기분이 듭니다."

Special Table 01

# 바비큐립

집에서도 패밀리 레스토랑 메뉴를 즐길 수 있답니다.
자! 시작해 볼까요?

쿠킹타임
1시간 40분

핏물 빼는 시간 제외

재료  등갈비 800g

**소스** 바비큐 소스 120g, 케첩 2큰술, 간장 2큰술, 설탕 3큰술, 매실 액기스 1큰술, 아가베 시럽 1큰술, 다진 마늘 1큰술, 후추 적당량

**삶기** 월계수잎 1장, 통마늘 3톨, 대파 1대, 통후추 20알 정도

과정

1. 찬물에 등갈비를 2시간 정도 담가 핏물을 뺀다.

2. 냄비에 삶기 재료를 넣고 물을 충분히 넣은 다음 끓인다.

3. 물이 팔팔 끓으면 등갈비를 넣고 뚜껑을 열고 1시간 더 삶는다.

4. 등갈비를 건져 한김 식히고 뼈의 한쪽 끝만 붙게 자른다.

5. 소스 재료를 팬에 넣고 가장자리가 바글바글 끓으면 잘 저어준 다음 불을 끈다.

6. 등갈비에 소스를 바르고 190도로 미리 예열한 오븐에서 20분간 굽는다.

7. ⑥을 오븐에서 꺼내어 등갈비를 뒤집어 소스를 바르고 다시 10분간 굽는다.

Special Table 02

# 웨지 감자

간식으로도 좋고 메인 메뉴의 곁들임 메뉴로도 좋은 웨지 감자입니다.
일반 웨지 감자와 카레 맛 웨지 감자를 한번에 만들어 보아요.

**재료**  감자 2개, 올리브오일 4큰술, 소금 1/2꼬집, 파슬리 적당량, 카레 가루 적당량

**과정**
1. 감자는 깨끗이 씻어 껍질째 반달 모양으로 자른다.
2. 끓는 물에 반달 모양의 감자를 3분 정도만 익혀 둘로 나눈다.
3. 한쪽 감자에 올리브오일 2큰술, 소금 1/2꼬집, 파슬리 적당량을 넣고 버무린다.
4. 다른 쪽 감자는 올리브오일 2큰술, 카레 가루 적당량, 파슬리 적당량을 넣어 버무린다.
5. 200도로 예열한 오븐에서 두 종류의 감자를 10분간 굽는다.

Special Table 03

# 스테이크

질 좋은 고기의 원하는 부위를 사서 집에서 직접 구워 보세요.
특별한 날 와인과 곁들이면 멋진 레스토랑이 부럽지 않습니다.

**재료**  스테이크(안심 혹은 등심) 2조각, 올리브오일 2큰술, 통후추 적당량, 소금 1꼬집, 양파 1/2개, 브로콜리 4개, 꽃양배추 2개, 파프리카 1개, 방울토마토 적당량, 브로콜리 적당량, 버터 1큰술, 로즈마리 적당량, 홀그레인 머스타드 적당량, 발사믹소스 적당량

**과정**
1. 스테이크는 키친타월로 핏물을 닦고 소금과 통후추를 뿌려준다. 로즈마리를 얹고 올리브오일을 발라준다.
2. 양파는 슬라이스하고 브로콜리, 꽃양배추, 파프리카는 먹기 좋게 자른다.
3. 위생장갑을 끼고 ②의 재료들을 버터에 문질러 골고루 섞는다.
4. 방울토마토는 깨끗하게 씻고 브로콜리, 꽃양배추는 데친다.
5. 그릴 팬을 달군 다음 스테이크를 올려 센불에서 앞뒤로 각각 1분 정도씩 구워 그릴 자국만 내준다.
6. 그릴 자국이 난 스테이크는 200도로 미리 예열한 오븐에 넣고 3분간 굽는다.
7. 나머지 채소도 그릴 팬에 자국이 나도록 굽는다.
8. 접시에 스테이크와 채소를 올리고 홀그레인 머스타드나 발사믹소스를 곁들인다.

 **Lady's Tip**

- 스테이크의 굽기 정도는 개인적인 취향이나 고기의 두께, 오븐의 사양에 따라 달라질 수 있어요.

Special Table 04

# 연어 감자구이

연어와 가니쉬를 한번에 오븐에 구우면 편하기도 하고
다양한 재료의 풍미가 연어에 배어들어 촉촉하고 맛있는 구이가 됩니다.

쿠킹타임
35분

재료　연어 2조각(소금 1꼬집, 통후추 적당량으로 밑간), 감자 1개, 브로콜리 3개, 꽃양배추 3개, 레몬1개, 방울토마토 8개, 올리브 4개, 베이컨 4줄, 올리브오일 3큰술, 통후추 적당량, 바질 적당량

과정　1. 감자는 껍질을 벗겨 5분 정도 쪄서 반만 익힌다.

2. 연어는 소금과 후추로 밑간을 한다.

3. 감자는 반으로 자르고, 레몬은 4조각으로 자른다. 브로콜리와 꽃양배추는 먹기 좋게 자른다. 올리브는 4등분하고 방울토마토는 칼을 이용해 한번씩 찔러둔다.

4. 볼에 연어, 감자, 브로콜리, 꽃양배추, 레몬, 방울토마토, 올리브를 넣고 오일을 부어 잘 버무린다.

5. 오븐 팬에 연어의 껍질이 위로 오도록 놓고 바질을 골고루 뿌려준다. 나머지 버무린 재료들도 연어 주위에 골고루 담고 후추를 살짝 갈아 뿌린다.

6. 250도로 미리 예열한 오븐에서 ⑤의 재료들을 15분간 굽는다.

7. ⑥을 꺼내 베이컨을 올리고 다시 오븐에 넣고 5분간 더 굽는다.

8. 접시에 재료를 골고루 담고 구워진 레몬의 즙을 짜서 뿌려준다.

9. 취향에 따라 데리야키 소스, 참깨 소스 등을 곁들여 먹는다.

쿠킹타임 30분
쌀 불리는 시간 제외

Special Table 05

# 곤드레 밥

뚝배기나 냄비로 지은 밥은 구수한 냄새와 맛이 일품이죠.
여기에 누룽지는 보너스랍니다.

**재료** 불린 쌀 2컵, 삶은 곤드레 나물 100g, 물1 + 1/2컵, 간장 1큰술, 들기름 1큰술
**양념장** 간장 2큰술, 고춧가루 1/2큰술, 참기름 1/2큰술, 깨 적당량

**과정**
1. 쌀은 씻어 1시간 정도 불린다.
2. 삶은 곤드레 나물은 잘게 썰고 간장, 들기름을 넣어 조물조물 무친다.
3. 뚝배기나 냄비에 불린 쌀을 넣고 ②의 곤드레를 올린다.
4. ③에 분량의 물을 붓고 뚜껑을 덮은 다음 센불로 10분, 약불로 10분, 불을 끄고 10분간 뜸을 들인다.
5. 양념장을 곁들인다.

Special Table 06
# 굴 영양밥

**재료** 불린 쌀 2컵, 육수 1 + 3/4(14page 참고), 굴 1줌, 표고버섯 1개, 레몬즙 약간
**양념장** 간장 2큰술, 고춧가루 1/2큰술, 참기름 1/2큰술, 다진 파 적당량

**과정**
1. 쌀은 깨끗하게 씻어 1시간 정도 불린다.
2. 굴은 레몬즙을 뿌려 문질러 씻고 흐르는 물에 헹군 다음 체에 밭쳐 물기를 뺀다.
3. 버섯은 먹기 좋게 자른다.
4. 뚝배기나 냄비에 불린 쌀을 넣고 버섯을 올린 다음 육수를 붓는다.
5. ④의 뚜껑을 덮고 센불로 10분, 약불로 10분 동안 끓인다.
6. 뚜껑을 열고 굴을 위에 올린 다음 뚜껑을 덮고 1~2분 정도 약불에서 익힌다.
7. 불을 끄고 10분간 더 뜸들인다.
8. 양념장을 곁들인다.

쿠킹타임 35분
쌀 불리는 시간 제외

Special Table 07

# 연근 죽순 영양밥

향이 좋은 죽순과 아삭한 식감의 연근을 넣고 밥을 지어 보세요.
보양식이 따로 필요 없어요.

재료

**재료** 불린 쌀 2컵, 육수(14page 참고) 2컵, 연근 1/4개, 죽순 1/4개, 밤 2~3개, 간장 2큰술, 맛술 1큰술
**양념장** 간장 2큰술, 고춧가루 1/2큰술, 참기름 1/2큰술, 깨 적당량

과정
1. 쌀은 씻어 뚝배기나 냄비에 넣고 육수를 부어 30분 정도 불린다.
2. 연근, 죽순, 밤은 먹기 좋게 자르고 간장, 맛술을 넣고 중불로 조린다.
3. 불린 쌀에 ②의 재료들을 올린 다음 뚜껑을 덮고 센불로 10분, 약불로 10분 정도 끓인다.
4. 불을 끄고 10분간 더 뜸들인다.
5. 양념장을 곁들인다.

Special Table 08

# 차돌박이 채소찜

차돌박이 채소찜은 채소에서 나오는 물만으로도 조리되는 타진팟으로 요리했어요.
고기는 기름기가 쏙 빠져 부담이 덜하고 채소는 아삭아삭한 식감이 그대로 살아 있습니다.

**재료** 차돌박이 2인분, 숙주 300g, 표고버섯 1개, 쑥갓 1/2줌, 맛술 1큰술, 소금 1꼬집, 통후추 적당량

**과정**
1. 숙주는 깨끗하게 씻고 버섯, 쑥갓은 먹기 좋게 썬다.
2. 타진팟에 물기를 머금은 숙주를 듬뿍 올린다.
3. 숙주 위에 차돌박이를 펼쳐 올린다.
4. 버섯은 숙주와 차돌박이의 사이사이에 조금씩 올린다.
5. ③과 ④의 방법을 반복하며 재료들을 켜켜이 쌓고 마지막에 쑥갓을 올린다.
6. 통후추를 골고루 뿌리고 소금과 맛술도 골고루 뿌린다.
7. 뚜껑을 덮고 약불에서 20분간 익힌 다음 불을 끄고 2분 정도 더 뜸을 들인다.
8. 간장 드레싱(15page 참고)을 곁들인다.

 **Lady's Tip** 타진팟으로 만드는 저수분 요리

- 타진팟은 물이 부족한 북아프리카의 모로코에서 쓰는 냄비입니다. 음식을 가열할 때 생기는 수증기와 수분이 꼬깔 모양의 뚜껑을 타고 올라가 다시 떨어지면서 수분이 스스로 보충되는 원리를 이용한 저수분 요리용 냄비랍니다.
- 적은 양의 물로도 요리를 할 수 있어 재료의 맛이 더 살아난답니다.
- 타진팟은 절대로 센불에서 조리하지 않습니다. 약불에서 조리하세요.

Special Table 09

# 고구마 그라탱

단팥 머핀을 만들 때 직접 조린 팥소가 남았다면
달콤하고 부드러운 고구마 그라탱을 만들 때 활용해 보세요.

**재료**  고구마 2~3개(약 400g), 버터 20g, 우유 2큰술, 조청 2큰술, 팥소 80g, 캔 옥수수 30g, 모차렐라 치즈 1장

**과정**
1. 고구마는 쪄서 뜨거울 때 으깨고 버터, 우유, 조청을 넣고 섞는다.
2. 그라탱 그릇에 버터 칠을 살짝 하고 ①을 반만 덜어 담고 평평하게 한다.
3. ②에 팥소를 평평하게 펴 바른다.
4. ③에 옥수수를 골고루 뿌린다.
5. 나머지 분량의 고구마를 ④의 위에 얹어 평평하게 한 다음 모차렐라 치즈를 올린다.
6. ⑤를 170도로 미리 예열한 오븐에서 9분간 굽고 다시 190도로 올려 치즈가 살짝 구워질 정도로 1분간 더 굽는다.

Special Table 10

# 달걀빵

폭신폭신, 보들보들한 달걀빵! 머핀틀을 이용해 만들면 간편해요!

**재료**  4개 분량
**반죽** 박력분 100g, 우유 100ml, 설탕 30g, 달걀 1개, 베이킹파우더 1작은술, 소금 1꼬집
달걀 4개, 슬라이스 치즈 1장, 다진 파 1큰술, 소금 1꼬집

**과정**
1. 반죽 재료를 볼에 담고 거품기로 잘 섞는다.
2. 슬라이스 치즈는 4등분한다.
3. 키친타월에 오일을 적시고 머핀틀에 닦아주듯 묻힌다.
4. 틀에 반죽을 2큰술씩 담고 그 위에 슬라이스 치즈를 1/4씩 넣는다.
5. 다시 반죽을 1큰술씩 더 담고 달걀을 하나씩 깨뜨려 넣는다.
6. 달걀 위에 다진 파를 골고루 뿌리고 노른자 부분에 소금을 뿌려준다.
7. ⑥을 180도로 미리 예열한 오븐에 넣고 20분간 굽는다.

Special Table 11

# 호박잼

푸근한 정이 느껴지는 시골풍의 호박잼입니다.
갓 구운 스콘이나 바삭하게 토스트한 식빵에 발라 먹으면 정말 맛있어요.

**재료** 단호박 220g, 사과 80g, 레몬즙 2큰술, 설탕 120g

**과정**
1. 단호박과 사과는 깍둑썰기한다.
2. 냄비에 단호박, 사과, 레몬즙, 설탕을 넣고 약불에 올려 끓인다.
3. 어느 정도 단호박이 익으면 도깨비방망이 등을 이용해 살짝 갈아준다.
4. 냄비에 재료들이 눌어붙지 않게 잘 저어주면서 끓이다가 농도가 되직해지면 불을 끈다.
5. 미리 소독한 병에 ④를 담고 뚜껑을 덮은 다음 거꾸로 하면 밀봉 효과가 있다.
6. 완전히 식으면 병을 바로 세워 냉장 보관한다.

 **Lady's Tip**

- 홈메이드 잼은 첨가물이나 보존제 성분이 없어 일단 개봉하고 나면 유통기한이 짧아지므로 빠른 시일 내에 먹는 것이 좋습니다.

Special Table 12
# 매실 에이드

설탕과 카페인 함량이 많은 음료 대신 건강 음료를 집에서 직접 만들어 보세요. 간편하게 만들 수 있는 레시피를 소개합니다.

재료  1컵 분량
매실 액기스 5~6큰술, 탄산수 200ml, 레몬 1조각

과정  1. 컵에 매실액을 붓고 탄산수는 반만 부어 잘 섞는다.
2. ①이 완전히 섞이면 나머지 탄산수를 붓는다.
3. 레몬으로 장식한다.

 **Lady's Tip**

- 취향에 따라 얼음을 넣어도 좋습니다. 얼음이 녹으면 음료가 연해질 수 있으니 매실액을 충분히 넣어줍니다.

## Special Table 13
# 유자 에이드

쿠킹타임 5분

재료   1컵 분량
유자청 3~4큰술, 탄산수 200ml,
슬라이스 레몬 1조각

과정   1. 컵에 유자청을 넣고 탄산수는 반만 부어 잘 섞는다.
2. ①이 완전히 섞이면 나머지 탄산수를 붓는다.
3. 레몬으로 장식한다.

## Special Table 14
# 아이스 진저티

쿠킹타임 5분

재료   1컵 분량
생강청 3~4큰술, 탄산수 200ml

과정   1. 컵에 생강청을 넣고 탄산수는 반만 부이 잘 섞는다.
2. ①이 완전히 섞이면 나머지 탄산수를 붓는다.

쿠킹타임
1시간 20분

Special Table 15

# 갈릭 치킨

치킨에 은은한 마늘 향이 배어들어 먹을수록 입맛을 돋우는 메뉴에요.

**재료**  닭다리 4개, 닭가슴살 3개, 우유 50ml, 카레 가루 2큰술, 버터 50g, 다진 마늘 1큰술, 파슬리 적당량, 통마늘 10톨

**과정**
1. 닭은 깨끗이 씻어 칼집을 내고 우유에 10분 정도 재어둔다.
2. ①의 닭을 꺼내 카레 가루에 버무린다.
3. 200도로 미리 예열한 오븐에 ②를 10분간 초벌구이 한다.
4. 볼에 버터, 다진 마늘, 파슬리를 섞어 ③의 닭에 골고루 버무리고 30분간 둔다.
5. ④의 중간중간에 통마늘을 올려 200도로 예열한 오븐에 넣고 15분간 노릇하게 굽는다.

Special Table 16
# 닭꼬치

**쿠킹타임 15분**

**재료** 닭다리살 200g, 대파 3대, 간장 3큰술, 맛술 3큰술, 설탕 2큰술, 아가베 시럽 1큰술, 오일 1큰술

**과정**
1. 닭다리살은 한입 크기로 자르고 대파는 흰 부분을 닭고기 크기와 비슷하게 자른다.
2. 꼬치에 닭고기와 대파를 번갈아 끼운다.
3. 양념으로 간장, 맛술, 설탕, 아가베 시럽을 섞는다.
4. 팬에 오일을 두르고 꼬치를 넣고 앞뒤로 노릇하게 익힌다.
5. 꼬치에 소스를 덧발라가며 타지 않게 뒤집어 주면서 다시 한번 익힌다.

Special Table 17

# 떡꼬치

간편하게 만들 수 있는 메뉴입니다.
매콤, 달콤한 맛에 자꾸 손이 갑니다.

재료  떡볶이 떡 20개, 오일 2큰술, 고추장 1큰술, 간장 1큰술, 케첩 3큰술, 설탕 1큰술, 아가베 시럽 1큰술

과정
1. 떡볶이 떡을 끓는 물에 데친 다음 찬물에 헹구고 꼬치에 끼운다.
2. 고추장, 간장, 케첩, 설탕, 아가베 시럽을 넣고 끓이다가 소스의 가장자리가 바글바글 끓으면 잘 섞은 다음 불을 끈다.
3. 팬에 오일을 두르고 꼬치를 올려 바삭바삭하게 익힌다.
4. 꼬치에 ②의 소스를 골고루 바르고 약불에 올린다.
5. 다시 소스를 꼼꼼하게 덧바른다.

Special Table 18

# 골뱅이 무침

쿠킹타임
15분

**재료**  캔 골뱅이 1개, 파채 1줌, 사과 1/2개, 소면 1인분
**양념**  초고추장 3큰술, 고춧가루 1 + 1/2큰술, 다진 마늘 1/2큰술, 매실 액기스 1큰술, 설탕 1큰술, 맛술 1큰술, 참기름 1큰술, 탄산수 2큰술, 골뱅이 국물 2큰술, 깨 적당량

**과정**
1. 파채는 찬물에 담가 매운 맛을 없앤 다음 체에 밭쳐 물기를 뺀다.
2. 소면은 삶아 찬물에 헹구고 물기를 뺀다.
3. 골뱅이는 2등분하고 사과는 채 썬다.
4. 볼에 소면을 제외한 모든 재료를 넣고 분량의 양념과 함께 조물조물 무친다.
5. 소면을 곁들인다.

Special Table 19
# 유부초밥 도시락

**쿠킹타임 30분**

# 유부초밥 + 김치볶음 + 꼬치 과일

집에서 만들어 더 맛있는 도시락 메뉴를 소개할까 합니다. 간식 몇 가지만 챙기면 음식은 소박하지만 음식점의 소란스러움을 피해 오붓하게 즐기기 좋은 도시락이 탄생합니다.

## 유부초밥

재료

**재료** 밥 2인분(양념 _ 식초 1큰술, 설탕 1작은술, 소금 1/2꼬집, 물 1/2큰술), 유부 1팩, 표고버섯 1개, 스팸 1/4조각

**과정**
1. 표고버섯과 스팸은 잘게 다져 팬에 볶는다.
2. 밥 양념은 설탕과 소금이 녹도록 섞은 다음, 밥에 넣고 주걱을 세워 자르듯 섞는다.
3. 유부는 뜨거운 물을 끼얹어 기름기를 제거하고 물기를 꼭 짠다.
4. ①과 ②의 재료를 잘 섞어 한입 크기로 동글동글 빚는다.
5. 유부에 밥을 하나씩 끼워 넣고 모양을 매만진다.

# 김치볶음

재료  김치 100g, 스팸 20g, 오일 1작은술, 참기름 1작은술, 설탕 1/2작은술, 다진 쪽파 적당량, 깨 적당량

과정  1. 김치는 먹기 좋은 크기로 송송 썰고 스팸도 잘게 썬다.
2. 팬에 오일을 두르고 김치를 볶다가 스팸을 넣고 섞은 뒤 뚜껑을 덮고 약불에 둔다.
3. 김치가 투명해질 때 참기름, 설탕을 넣어 뒤적이면서 물기 없게 볶아준다.
4. 쪽파와 깨를 뿌려 마무리한다.

# 꼬치 과일

재료  방울토마토 3개, 금귤 2개, 바나나 1개(취향에 따라 재료와 양은 선택 가능)

과정  1. 바나나는 먹기 좋은 크기로 자른다. 재료들을 꼬치에 하나씩 끼운다.

쿠킹타임 45분

Special Table 20

# 감자샐러드 샌드위치+핫윙

감자 샐러드를 넉넉하게 만들어 샐러드로, 샌드위치로 활용해 보세요.

## 감자 샐러드 샌드위치

**재료** 감자 1~2개, 오이 1개, 캔 옥수수 2큰술, 마요네즈 3큰술, 홀그레인 머스터드 1큰술, 파슬리 적당량, 식빵 3개

**과정**
1. 감자는 쪄서 뜨거울 때 으깬다.
2. 오이는 필러를 이용해 얇게 슬라이스 한다.
3. ①의 감자에 옥수수, 마요네즈, 홀그레인 머스터드를 넣고 버무린 다음 파슬리로 마무리한다.
4. 식빵의 가장자리는 자르고 밀대로 얇게 민다.
5. ④의 식빵에 오이를 깔고 감자샐러드를 올린 후 돌돌 말아 랩에 감싼다.
6. ⑤를 먹기 좋게 잘라 담는다.

## 핫윙

**재료** 닭 날개 10개, 버터 1/2큰술, 청주 1큰술, 소금 1꼬집, 후추 적당량, 고추장 1 + 1/2큰술, 간장 1/2작은술, 케첩 1작은술, 아가베 시럽 1/2작은술

**과정**
1. 닭 날개는 깨끗하게 씻고 칼집을 낸 다음 청주, 소금, 후추에 20분간 재어둔다.
2. 버터를 전자레인지에 녹여 ①의 닭 날개에 골고루 바른다.
3. 200도로 미리 예열한 오븐에서 닭 날개를 15분 정도 굽는다.
4. 고추장, 간장, 케첩, 아가베 시럽을 섞어 ③에 잘 버무리고 다시 오븐에 넣고 3~4분 정도 굽는다.

만들기도 치우기도 쉬운
## 2인 식탁

초판 1쇄 발행 2013년 5월 20일
초판 3쇄 발행 2014년 9월 30일

지은이 · 이현주
사진 · FOOD YUN 윤세한

그릇 협찬 · 도자기숲 031-896-7952 www.dojagisoop.com

펴낸곳 · 지식인하우스
펴낸이 · 안종남
출판등록 · 2011년 3월 31일 제2011-000058호
주소 · 152-859 서울시 구로구 구로중앙로32가길 10-2 202호
전화 · 02)6082-1070    팩스 · 02)6082-1035
전자우편 · jsinbook@naver.com
블로그 · blog.naver.com/jsinbook

ISBN 978-89-968037-4-4 13590
값 15,500원

ⓒ 이현주, 2013

> 사람과 지식을 연결하는 지식인하우스 는
> 살맛 나는 사람들의 이야기를 맛깔스럽게 담아 나가겠습니다.
> *지식인하우스는 독자 여러분의 원고를 기다리고 있습니다.
>   365일 망설이지 마시고, 지식인하우스의 문을 두드려 주시기 바랍니다.

＊이 책은 저작권법에 따라 보호받는 저작물이므로 무단전재와 무단복제를 금합니다.
＊파손된 책은 구입하신 서점에서 교환해 드립니다.